CW01660525

INVEl

expliquées

LE FRANÇAIS EXPLIQUÉ

INVENTIONS
expliquées

Nicole Masson
et Yann Caudal

•

CHÊNE

Introduction

L'ingéniosité humaine est sans bornes. C'est l'impression que donne l'inventaire des découvertes, inventions et innovations qui sont ici répertoriées. Dans tous les domaines, l'homme cherche à améliorer son sort.
On trouve d'abord de petites choses qui simplifient la vie au quotidien, comme la boîte d'allumettes, l'épingle de sûreté ou la poubelle. Les aménagements des villes, avec les trottoirs, l'éclairage public, les vespasiennes même, constituent des progrès indéniables.
Et que dire des avancées médicales ? Les progrès de l'hygiène ont offert une santé bien meilleure à tout un chacun. Le corps humain a livré bon nombre de ses secrets et les médecins ont imaginé des médicaments et des traitements admirables.
Certaines découvertes traversent les siècles ; on peut ainsi songer aux instruments de musique, qui évoluent lentement. D'autres sont encore en pleine mutation. Le temps que ce livre soit écrit et publié, de nouvelles fonctionnalités auront sans nul doute été ajoutées au dernier modèle de smartphone ou de tablette !
Est-ce à dire que ce livre est un hymne au progrès ? Oui, sans doute en grande partie, car sans les inventeurs de génie, les passionnés de connaissance, les esprits pratiques, les bricoleurs infatigables, notre vie serait bien plus difficile. Mais parfois la même invention a deux visages, comme la radioactivité : la recherche fondamentale a débouché sur des pratiques médicales

formidables, mais aussi sur des développements techniques mortifères. Double visage, comme Janus : tout dépend des applications pratiques qui en sont faites. L'électricité qui a révolutionné nos vies a aussi alimenté la chaise électrique…

Les chercheurs de tous pays sont animés d'une saine émulation : c'est à celui qui s'illustrera et attachera son nom à une découverte majeure. Parfois la cupidité s'empare d'eux, à cause des brevets et des applications commerciales de leurs théories. Souvent encore, ils sont pris dans la rivalité entre États et une forme de nationalisme qui exacerbe les tensions.

On sera peut-être étonné de constater combien les grands conflits armés ont influencé l'histoire des inventions. En effet, l'armée et les efforts de défense (voire les prétentions offensives) ont toujours été de puissants moteurs pour la recherche et de gros financeurs dans le domaine des transports ou de la communication. Mais c'est aussi à partir des brassages de population que les guerres ont déclenchés qu'ont parfois émergé des idées nobles, comme celles de la Croix-Rouge ou du scoutisme, et c'est encore par les contacts militaires ou commerciaux que les innovations ont circulé d'un continent à l'autre.

À travers la petite histoire des inventions, certaines qui sont le fruit d'un travail acharné, d'autres qui semblent tombées du ciel, c'est l'aventure humaine dans son universalité qui est retracée, avec ses grandes et ses petites préoccupations, ses hautes ambitions et sa modeste recherche de confort, ses avancées décisives et ses innovations un peu dérisoires.

Soda

À l'origine, l'eau pétillante était obtenue par adjonction de bicarbonate de soude, d'où son nom de *soda water* en anglais. C'est Joseph Priestley qui initie ce procédé vers 1770, mais Johann Jacob Schweppe l'améliore et crée en 1790 la première fabrique de soda à Londres. Au fil du XIXe siècle, certains sodas vont être développés et connaîtront un succès continu jusqu'à aujourd'hui, comme la *root beer* (1850), le Dr Pepper (1885), le Coca-Cola (1886) et le Pepsi Cola (1898). Eau, sucre, extraits de plantes et CO_2, voilà la composition souvent gardée secrète de ces boissons qui ont conquis toute la planète.

Delco

Sans l'invention de ce dispositif d'allumage électrique des moteurs d'automobile, nous en serions encore à sortir la manivelle pour démarrer la voiture ! Son inventeur, Charles F. Kettering, jeune instituteur de l'Ohio qui a poursuivi des études pour devenir ingénieur, est particulièrement prolifique car, outre le Delco, il a aussi conçu les caisses enregistreuses électriques et le carburant au plomb dit « super ». Revenons au Delco. Son nom est l'acronyme de la Dayton Engineering Laboratories Company, société que Kettering a fondée à Dayton vers 1909. La première voiture à en avoir été équipée est une Cadillac, modèle 1910.

Tango

Tango argentin : cette expression dit combien cette danse *muy caliente* est liée à son origine géographique, c'est-à-dire aux faubourgs de Buenos Aires. Elle émerge pendant le dernier quart du XIXe siècle. L'Argentine, dans les années qui suivent la proclamation de son indépendance, abolit l'esclavage (1853) et unifie ses provinces. Elle est aussi une formidable terre d'immigration pour les Européens, en particulier les Italiens. Toutes ces populations se mêlent et les influences sur la musique et la danse sont multiples. Les gens se massent dans d'immenses taudis à la périphérie des villes appelés *conventillos*, où s'organisent en fin de semaine des bals. Chacun apporte les sonorités et les pas qu'il connaît, et de ce grand brassage sortent des danses cadencées qui empruntent à la fois aux rythmes africains, cubains et aussi au fandango andalou, mais joué avec un instrument à vent venu d'Europe centrale, le bandonéon. Comme quoi, du melting-pot des cultures peut naître une nouvelle richesse originale !

Domino

Les légendes autour de l'origine de ce jeu populaire sont nombreuses et diverses. Bien malin celui qui pourra dire s'il provient de la Chine ancienne, de l'Égypte des pharaons ou de la modification d'un jeu de dés indien… On dit souvent que le jeu est apparu en Europe au XIVe siècle, mais les premières mentions avérées ne datent que du XVIIIe siècle en Italie, puis en France. Son nom viendrait de la couleur des pièces – noir et blanc, comme les habits des frères dominicains, blancs mais couverts d'une cape noire. Très populaires dans des régions du monde aussi diverses que la Normandie ou le Maghreb, les pièces de domino étaient fabriquées en bois ou en os (en particulier en tibia de bœuf) jusqu'à ce que le plastique supplante tout. Une récente utilisation spectaculaire de ces petites pièces consiste à entraîner des réactions de chute en chaîne. On parle désormais dans le langage courant de « l'effet domino » ou de la « théorie des dominos » pour montrer comment un tout petit mouvement peut avoir des conséquences considérables.

Gravure sur bois

La gravure sur bois comme technique d'impression est pratiquée en Chine au moins depuis le VIIe siècle, mais sans doute même avant, et son développement est lié à celui du papier. En France, sa trace la plus ancienne est le « bois Protat », un fragment découvert en 1899 à Mâcon et propriété du maître imprimeur Protat. Il date d'environ 1370, est gravé sur les deux faces et représente d'un côté *Le Centurion et les deux soldats* et de l'autre *L'Ange de l'Annonciation*. Cette technique s'est développée comme un mode d'illustration assez peu coûteux et populaire. Quand l'imprimerie a été inventée, les planches de bois gravées ont pu trouver leur place sans nécessiter une manipulation particulière au moment de la presse. Mais le bois étant fragile, les matrices finissaient toujours par se fendre sous les coups répétés. La gravure sur cuivre, au burin ou à l'eau-forte, était moins fragile, mais demandait une presse particulière et des manipulations beaucoup plus délicates.

Minijupe

Tandis que la mode parisienne restait très bourgeoise, les créateurs londoniens des années 1960 se tournaient délibérément vers la jeunesse. Mary Quant avait ouvert sa boutique, Bazaar, à King's Road en 1955 et elle décida de ne plus suivre le rythme traditionnel des saisons, mais de créer rien de moins que vingt-huit collections en quelques années. C'est ainsi qu'elle lança la minijupe, juste au-dessus du genou en 1961, mais à mi-cuisse dès 1966. En France, André Courrèges raccourcit lui aussi les jupes des femmes. À noter que cette mode permit le développement fulgurant du collant, qui détrôna le bas et son accessoire indissociable, le porte-jarretelles.

Motoneige

Comme beaucoup d'innovations technologiques, les premières motoneiges ont pour ancêtres des modèles militaires, les « aérosans » conçus en Russie, propulsés par des moteurs d'avion. Puis aux États-Unis, on pose une voiture sur des skis et on invente l'« autoneige » dans les années 1940. Finalement les motoneiges telles qu'on les connaît (« scooters des neiges » en France ou « Ski-Doo » au Québec) sont des véhicules motorisés, spécifiquement conçus pour glisser sur la neige, développés par le constructeur Bombardier à la fin des années 1950. Inconsolable de n'avoir pu transporter à temps dans un hôpital son fils blessé et de l'avoir vu mourir, Joseph-Armand Bombardier veut créer un véhicule individuel qui passe sur tous les terrains enneigés. Il y parvient grâce à deux progrès technologiques : le poids des moteurs s'allège considérablement et un autre de ses fils invente un système révolutionnaire de chenille sans fin. En 1959, il peut donc lancer le Ski-Dog. Mais le « g » est mal imprimé et l'invention devient « Ski-Doo » dans la campagne publicitaire ! C'est le nom qui va rester.

Empreintes digitales

Aujourd'hui, les experts de la police scientifique disposent de tout un arsenal de procédures et d'analyses pour confondre les coupables. L'histoire de l'identité judiciaire est marquée par l'observation minutieuse des sillons au bout des doigts humains opérée à la fin du XIXe siècle. Henry Faulds découvre en 1880 que les dessins digitaux sont uniques et peuvent donc constituer une caractéristique décisive pour ficher les délinquants. Ses travaux sont repris en 1892 par un cousin de Darwin, qui constate que ces empreintes ne changent pas au cours de la vie. La même année, en Argentine, on utilise le procédé pour arrêter pour la première fois un assassin. Rapidement, on va classifier les dessins digitaux pour pouvoir établir plus facilement des comparaisons. Les empreintes apparaissent au bout des doigts du fœtus pendant sa vingt-quatrième semaine.

Vitamine

Remercions le riz, la maladie du béribéri, les poulets et le physiologiste hollandais Christiaan Eijkman (1858-1930) : si ce dernier n'avait pas observé à Java que le riz non décortiqué protégeait les poulets du béribéri, au contraire du riz décortiqué, on ne se serait pas penché sur la cuticule du grain de riz et on n'aurait pas découvert la substance organique connue sous le nom de « vitamine B1 », première vitamine découverte. Le mot « vitamine » (« amine de vie ») a été créé en 1912 par le Polonais Kazimierz Funk (1884-1967), qui a poursuivi les recherches dans ce domaine. La formule chimique de la vitamine B1 et sa synthèse n'ont été établies que dans les années 1930.

Bilboquet

Ce jouet, sous des formes analogues, est répandu sous toutes les latitudes. Il s'agit d'une boule percée d'un trou, reliée à un bâtonnet, qu'on lance et qu'on doit littéralement embrocher avec le petit pieu. Pour ce qui est de la France, on pense que le jeu appelé « pique-balle » en serait l'ancêtre. L'étymologie de « bilboquet » est très obscure. Le nom viendrait-il de « bille », « bouque » ou « bouquet » (qui signifiaient anciennement « boule »), ou bien encore des *bilbos*, des épées fabriquées à Bilbao ? Toujours est-il que c'est surtout le roi Henri III et ses favoris, ses « mignons », qui ont mis ce jeu d'adresse à la mode au XVIIe siècle, en y jouant en toutes circonstances.

Whisky

Des légendes entourent l'origine du whisky. L'instrument essentiel à sa distillation est l'alambic, objet oriental (son nom vient de l'arabe et signifie « vase »). On raconte que saint Patrick et ses compagnons missionnaires ont fait un périple en Égypte et en ont rapporté vers 430 la méthode de la distillation en Irlande. Rien n'est moins sûr. Toujours est-il qu'au Moyen Âge est apparue dans les monastères d'Irlande une liqueur à base d'herbes et de miel dénommée *uisge beatha*, ce qui signifie « eau de feu » en gaélique. Quand les armées anglaises, au XIIe siècle, ont envahi l'Irlande, elles auraient été incapables d'en prononcer le nom, qui serait devenu « whisky ». La distillerie Old Bushmills se revendique comme la plus ancienne distillerie au monde, en fonction depuis 1296. Cependant la firme a été officiellement créée en 1784 et les premières traces de production d'alcool sur place sont avérées en 1608, date à laquelle a été délivrée une licence officielle par le roi Jacques Ier.

Imprimerie

Qui ignore que Gutenberg est l'inventeur de l'imprimerie ? Pour être plus exact, il faudrait préciser qu'il est l'inventeur des caractères mobiles. En effet, avant lui, l'essentiel des livres qui circulaient étaient scrupuleusement recopiés à la main par des scribes et des religieux, mais il existait aussi une technique qui consistait à graver un dessin et donc aussi, potentiellement, un texte sur une planche de bois et à le reproduire sur du papier grâce à de l'encre et une presse (xylographie). La véritable révolution consiste à employer des lettres séparées réutilisables, fondues dans du métal (typographie). De là découle le reste : mise au point d'une encre grasse, d'une presse qui comprime les caractères encrés sur le papier, d'une méthode pour humecter puis faire sécher et assembler les feuilles. Après quelques brochures mineures, le premier livre imprimé sera la Bible. Depuis l'invention de Johann Gutenberg à Mayence vers 1450 jusqu'au XIXe siècle, les techniques s'amélioreront sans connaître de révolutions majeures.

E-mail

L'inventeur du courrier électronique est Raymond Samuel Tomlinson. Il est à l'origine, au début des années 1970, d'un programme de recherche sur les transferts de données d'un ordinateur à un autre. C'est ainsi qu'il met au point la première adresse électronique en utilisant l'arobase (@). Il s'agit d'un signe typographique ancien qu'on doit à un marchand florentin du nom de Francesco Lapi, qui l'inventa en 1536. Le fait que ce signe ne figure dans aucun prénom ou nom en fait l'outil idéal. Le premier envoi d'e-mail a lieu en 1971, entre deux machines placées côte à côte. Le premier message est simplement : « QWERTYUIOP », les lettres de la première ligne d'un clavier anglais.

Courses hippiques

Non, ce n'est pas Ben Hur qui a inventé les courses hippiques ! Néanmoins nous avons des traces dès la plus haute Antiquité de courses de chevaux montés ou de courses de chars. L'Occident, avec les croisades, découvre le cheval arabe et se prend de passion pour ce destrier si élégant. On voit ainsi se créer des haras autour d'étalons arabes importés, notamment par Richard Cœur de Lion. Jacques Ier (1566-1625) fait construire à Newmarket le premier hippodrome. En 1750 le cercle aristocratique du Jockey-Club est créé à Londres et organise des courses régulières entre propriétaires. En 1779, Lord Derby fonde l'épreuve prestigieuse qui porte son nom, le Derby d'Epsom (une station thermale), qui se court le mercredi qui précède la Pentecôte. À Paris, à la fin de l'Ancien Régime se tiennent des courses sur le Champ-de-Mars. Après une interruption, ce n'est véritablement que sous Napoléon III, avec l'ouverture de Longchamp en 1855, que se développe la passion des courses.

Baromètre

En 1635, quand les ingénieurs de Florence voient leurs projets de fontaine gigantesque contrariés par l'impossibilité de diriger l'eau aussi haut qu'ils le voudraient, ils sollicitent Galilée, mais ce dernier meurt sans avoir eu le temps de les aider. C'est son successeur comme physicien à la cour du duc de Toscane, Torricelli, qui va faire de savants calculs et deviner que la pression atmosphérique est la cause de cet embarras. Il fait des expériences avec le mercure (bien plus lourd que l'eau) et met ainsi en évidence le poids de l'air. Du même coup, il invente le baromètre qui permet de le mesurer. À vrai dire, le nom de l'instrument n'apparaîtra que vers 1665. N'oublions pas que Blaise Pascal – qui a donné son nom à l'unité de mesure de la pression – a lui aussi fait des séries d'expériences, sur la tour Saint-Jacques à Paris et au puy de Dôme. À partir du milieu du XIXe siècle, presque tous les foyers sont équipés d'un thermomètre et d'un baromètre pour observer la météo.

Quinine

De leurs expéditions au Pérou et en Équateur aux XVIe et XVIIe siècles, les Européens rapportèrent le quinquina (*kina-kina* en langue amérindienne), un arbre dont l'écorce était considérée comme un médicament. On la faisait macérer dans le vin pour obtenir un remède contre les fièvres. Louis XIV lui-même en fit l'expérience et La Fontaine célébra ses propriétés dans un long poème. La Condamine, au retour de son exploration de l'Amazone en 1737, rédigea un mémoire sur cette plante pour l'Académie des sciences. Mais ce n'est qu'en 1820 que Pelletier et Caventou parvinrent à isoler son principe actif, la quinine, qui fit reculer le fléau du paludisme.

Écluse

L'écluse moderne est un ouvrage de navigation constitué d'un sas entre deux vannes, qu'on appelle aussi « portes marinières » ou « pertuis », qui forme un bassin intermédiaire d'eau calme pour réduire le courant et faire passer les bateaux d'un niveau à un autre. Les Chinois ont imaginé dès le Xe siècle un système de ce genre sur le Grand Canal, à la place d'un plan incliné. Une idée reçue veut que ce soit Léonard de Vinci qui en ait inventé le principe pour l'Occident, mais il n'en est rien, même s'il a travaillé sur la question. En effet, on trouve une écluse à sas à Spaarndam, aux Pays-Bas, dès 1285. Les ingénieurs de la Renaissance l'ont perfectionnée. En France, au XVIIe siècle, on en équipe d'abord le canal de Briare.

PDF

Il fut un temps où un document conçu et sauvegardé sur un ordinateur ne se présentait pas exactement de la même façon lorsqu'il était ouvert avec une autre machine. Certains paramètres de mise en page étaient annulés, une police de caractère était remplacée par une autre, etc. Pour résoudre ce problème au sein même de la société Adobe, dont il était un des cofondateurs, John Warnock imagina un format de fichiers qui reproduirait à l'identique les pages de n'importe quel fichier, quel que soit le logiciel avec lequel il a été conçu. Le *portable document format* (PDF) a ainsi été présenté en 1992 et est devenu une norme ISO en 2008. Pour la petite histoire, il portait d'abord le nom de « Camelot ».

Timbre-poste

Préparez vos mouchoirs. L'anecdote (ou la légende) à l'origine de l'invention du timbre-poste est à coup sûr la plus touchante de ce livre. Au début du service postal, le destinataire réglait au facteur le coût de l'acheminement du courrier qu'il recevait. Un jour de 1837, Rowland Hill voit une jeune fille pleurer et lui demande la cause de son chagrin. « Je n'ai pas de quoi payer le port de la lettre que mon amoureux m'a envoyée et j'ai dû la refuser », lui dit-elle. Hill rédige alors un mémorandum qu'il adresse au Premier ministre britannique et lui propose une réforme des postes : l'expéditeur paiera d'avance une somme, identique sur tout le territoire, quelle que soit la distance, matérialisée par un timbre collé sur le pli et un cachet d'oblitération. Le premier timbre-poste est le Penny Black, en 1840, portant le profil de la reine Victoria. Il n'a pas de perforations et doit être découpé aux ciseaux par les postiers. En France le système est adopté en 1849 et c'est le profil de la déesse Cérès qui est adopté. Ce timbre vaut vingt centimes pour un pli de moins de sept grammes et demi.

Parachute

Même si Léonard de Vinci avait imaginé un engin capable de freiner la chute dans les airs, Louis-Sébastien Lenormand (1757-1837) est le premier à s'élancer d'un arbre avec un parasol dans chaque main. Le 26 décembre 1783, il se jette avec succès de l'Observatoire de Montpellier avec un engin analogue qu'il appelle un « parachute ». Il ne reste plus qu'à perfectionner l'idée. Après diverses tentatives avec des animaux, c'est André-Jacques Garnerin (1769-1823) qui fait un pas décisif, le 22 octobre 1797, en s'envolant dans un ballon au-dessus de Paris, puis en le sabordant et en détachant le parachute qu'il a conçu (une nacelle et une coupole), qui lui permet de redescendre sur Terre, dans la plaine Monceau, après une chute de mille mètres sous les cris de liesse d'une foule enthousiaste. Sa femme Jeanne Labrosse sera la première femme à sauter en parachute et leur nièce, Élisa Garnerin, deviendra la première parachutiste professionnelle. Le premier parachute plié dans un sac à dos avec une tirette pour le déclencher est inventé par Charles Broadwick en 1908.

Valse

La valse est une des premières danses de salon modernes. En effet, contrairement au menuet et aux danses de Cour, elle se pratique à deux, en se tenant tout au long du morceau musical, ce qui paraît au début assez licencieux. Sur les parquets, avec des chaussures de cuir, on peut aussi faire des pas glissés au lieu de pas sautés. La valse apparaît en Autriche comme l'adaptation d'une danse paysanne (*Ländler*) et va être adoptée par la bonne société de Vienne dans les années 1780. Mozart, Haydn, Beethoven vont s'y intéresser. Schubert en compose un grand nombre. La valse viennoise est liée à la famille Strauss, Johann père (1804-1849) et surtout Johann fils (1825-1899), compositeur du *Beau Danube bleu* (1866).

Code de la route

Avant même l'invention de l'automobile, il existait dès 1828 un « code de la route et de roulage ». Et même, une vingtaine d'années auparavant, Napoléon Ier avait choisi la conduite à droite comme règle devant s'imposer partout. Cependant, c'est la multiplication des véhicules et l'apparition de chauffeurs non professionnels qui ont amené à établir des règles de conduite strictes et précises pour éviter les accidents et, en cas de malheur, déterminer les responsabilités de chacun. Le permis de conduire a ainsi été introduit en France en 1893 et le certificat (carte grise) en 1896. Le service des Mines est le garant de tout le dispositif : voilà pourquoi les plaques d'identification des véhicules s'appellent « plaques minéralogiques ». Quant à la rédaction du code de la route par Jules Perrigot, président de l'Automobile-club des Vosges, elle a commencé en 1904 : ce document privé ne comprenait que dix articles ! L'État s'en est emparé à partir de 1909 et le code officiel a été publié en 1921.

Zéro

Aujourd'hui le zéro semble une notion naturelle et pourtant, ce ne fut pas le cas pendant longtemps. En effet, certaines civilisations concevaient difficilement le zéro, c'est-à-dire le néant. Les Grecs par exemple, malgré leur connaissance des mathématiques et de la géométrie, n'ont jamais nommé l'équivalent du zéro. Ce sont les Babyloniens qui ont les premiers approché le concept, mais il n'était pas utilisé dans les opérations. Au ve siècle environ, les Indiens utilisent le zéro, en particulier le mathématicien Brahmagupta, en le définissant comme la soustraction d'un nombre par lui-même. Il est appelé « sunya », qui signifie « vide » en sanskrit. Le système décimal devient alors opérationnel. Au ixe siècle les savants arabes s'approprient la notion et la traduisent par *sifr* (« vide » ou « grain » en arabe). Au xiie siècle l'Occident découvrira la traduction du livre d'arithmétique du mathématicien arabe Al-Khwârizmî. Le mot *sifr* donnera en français à la fois « chiffre » et « zéro » (à partir de l'italien *zefiro*).

Lavabo

Le mot signifie en latin « je laverai ». Une promesse que cet équipement permet d'accomplir en effet ! Avant même que les habitations ne soient équipées de l'eau courante, le lavabo est entré chez les particuliers sous la forme d'un trépied portant une cuvette et un pot à eau.
Cet aménagement date du Premier Empire, vers 1805.
Au milieu du XIXe siècle, l'eau courante est distribuée par des canalisations dans les appartements et le lavabo prend la forme que nous lui connaissons aujourd'hui. L'origine en est liturgique : en effet, à un moment de la messe, le prêtre se lave les mains et le récipient au-dessus duquel il fait cette ablution est appelé « lavabo ». Son usage domestique est beaucoup plus profane et prosaïque.

Clémentine

L'homme a pu se rendre l'égal des dieux quand il a commencé à inventer des espèces nouvelles, animales ou végétales, par hybridation. C'est ce que fait à Oran le brave frère Clément (1839-1906), religieux en charge d'une grande pépinière. Il y introduit toutes sortes d'espèces d'arbres, de variétés de rosiers. C'est un agronome accompli. Mais surtout, il réalise l'hybridation par greffons entre la mandarine et l'orange douce. La clémentine, qui porte son nom, est née. Plus sucrée, sans pépins, arrivant plus vite à maturité, elle saura se faire une place de choix parmi les fruits d'hiver.

Biscotte

Si le mot « biscotte », venu de l'italien *biscotto* – signifiant « cuit deux fois » –, correspond au départ à une pratique domestique pour conserver le pain en le faisant griller, c'est à Charles Heudebert, boulanger de Nanterre, que revient l'idée en 1903 de commercialiser sous forme de pain grillé les invendus de la journée. Il va améliorer son invention et faire construire une première usine à Nanterre. Mais la biscotte n'est pas seulement un pain recuit, cette spécialité correspond à une pâte spécifique qui permet de confectionner des produits dits de « panification fine sèche ».

Oscar

Dès 1927, le petit monde de Hollywood s'organise et crée la prestigieuse Académie des arts et des sciences du cinéma, qui décide de remettre un prix chaque année. Ce prix est incarné par une statuette qu'on appelle Academy Award of Merit. Elle représente un homme debout. Plusieurs légendes circulent pour expliquer son petit nom : une secrétaire lui aurait trouvé une ressemblance avec son oncle Oscar, ou bien encore Bette Davis l'aurait comparée à son mari Oscar Nelson. En tout cas, à partir de 1935, ce surnom apparaît dans la presse et il est officiellement adopté en 1939. En 1929 se tient la première cérémonie, qui ne dure qu'une dizaine de minutes, après un banquet. Comme aujourd'hui, c'est à l'issue d'un vote secret des membres de l'Académie que le lauréat est désigné. Et le premier récipiendaire de l'oscar du meilleur acteur aurait dû être… le chien Rintintin, qui a rassemblé le plus de voix ! On a alors triché et remis le trophée à Emil Jannings, qui a ensuite mal tourné et joué dans des films de propagande nazie. Régulièrement, des pétitions circulent pour qu'on rende à Rintintin sa récompense bien méritée !

Télégraphe

Comment communiquer à distance ? La question se posait déjà aux Romains, qui avaient installé des tours avec des feux comme signaux optiques – le nom en -igny de nos villages en garde le souvenir. Claude Chappe installa en 1794 un premier système entre Paris et Lille, le sémaphore. Mais le premier télégraphe électrique, inventé par Charles Wheatstone, date de 1837 ; il permet de communiquer entre Londres et Birmingham, avec d'un côté un émetteur et de l'autre un récepteur, et un papier sur lequel s'inscrivent des marques de passage ou d'interruption de courant – au fond, des 1 et des 0, déjà. Samuel Morse, un portraitiste américain, en inventant dans les mêmes années son code avec son assistant Alfred Vail, dote le système de transmission d'un langage. Le code Morse transcrit en une série de points et de traits l'alphabet, les chiffres et la ponctuation. Le point est une impulsion brève et le trait une longue. Morse dépose aussi un brevet de télégraphe et met en place la ligne Washington-Baltimore en 1844. Le premier message qu'il envoie est : *What hath God whrought !* (« Quelle œuvre Dieu a-t-il faite ! »)

Pneu

On ne sait pas toujours que les marques de pneus les plus connues correspondent à d'authentiques inventeurs. Ainsi Charles Goodyear découvre en 1839 le secret de la vulcanisation du caoutchouc. Puis John Boyd Dunlop dépose en 1887 le brevet du pneumatique, qui équipe les vélos d'un confortable boudin de caoutchouc gonflé d'air beaucoup moins « tape-cul » que les roues en bois ! Quant aux frères Michelin, Édouard et André, ils imaginent la chambre à air, brevetée en 1891, qui rend la crevaison moins grave ; très vite, ils fabriquent la première voiture sur pneus, baptisée *L'Éclair*. Et en 1899, la première voiture à atteindre les cent kilomètres-heure, la *Jamais Contente*, est équipée de pneus Michelin.

La Marseillaise

Claude Joseph Rouget de Lisle (1760-1836) est connu pour avoir écrit cette seule chanson, sur la commande du maire de Strasbourg, alors qu'il était un simple capitaine du génie en garnison dans cette ville en avril 1792. Dès le départ, c'est un chant patriotique qui s'intitule *Chant de guerre pour l'armée du Rhin*. L'hymne circule et se retrouve entre les mains des bataillons de fédérés marseillais qui l'entonnent en entrant dans Paris en juillet 1792. Dès lors, il devient un signe de ralliement. Les journaux de l'époque décrivent les foules enthousiastes qui reprennent en chœur « Aux armes, citoyens ! » ou « Amour sacré de la patrie ». Son nom devient alors *Hymne des Marseillais*, puis *La Marseillaise*. À partir de la victoire de Valmy, *La Marseillaise* est chantée dans les occasions solennelles. Le 14 juillet 1795, elle est déclarée par décret « chant national ».
Elle sera interdite sous l'Empire et la Restauration, mais deviendra l'hymne français (avec une version officielle) sous la Troisième République. Les cendres de Rouget de Lisle seront transférées aux Invalides en juillet 1915.

Paquebot

Le terme « paquebot » vient de l'anglais *packet boat*, qui désignait à l'origine les bateaux qui transportaient le courrier. Comme ils ont pris l'habitude d'accueillir des passagers à leur bord, le nom s'est spécialisé, pour désigner les grandes embarcations transatlantiques. Isambard Kingdom Brunel (1806-1859) est l'ingénieur britannique qui a conçu ces premiers géants de la mer. Né d'un père ingénieur lui-même, français d'origine, il fait toutes ses études en France et travaille d'abord dans la conception de lignes de chemin de fer pour la Great Western Railway. Il persuade sa société de construire le *Great Western*, navire à vapeur surdimensionné avec une coque en bois (1837), puis le *Great Britain*, avec une double coque en fer (1843), encore plus grand, et enfin le *Great Eastern* (1859), qui peut embarquer quatre mille passagers. Mais le succès n'est pas là et ce dernier sera reconverti dans la pose du premier câble transatlantique sous-marin, puis en attraction touristique à Liverpool. Il a inspiré Jules Verne – qui a effectué une traversée à son bord en 1867 – pour son roman *Une ville flottante*.

Chewing-gum

Pour se détendre, pour tromper la faim ou par pur plaisir, dans toutes les civilisations, les hommes ont toujours mâchouillé des végétaux, tiges, feuilles ou gommes. Ce sont les conifères qui, avec leur sève collante, ont en premier fourni des pâtes à mâcher. Les Mayas utilisaient le latex, appelé *chicle*, d'une sorte de néflier tropical, le sapotier, et les Amérindiens la sève d'épicéa, que les colons de la Nouvelle-Angleterre ont adoptée. En 1848, John B. Curtis a vendu le premier chewing-gum commercial. On a commencé à l'aromatiser à la menthe, à déposer des brevets. La cire de paraffine sucrée a aussi été commercialisée, puis le chiclé. La gomme à mâcher moderne était lancée.

Préservatif

Oublions vite les boyaux de mouton ou les bouts de vessie de porc que les soldats de l'Égypte antique utilisaient pour se prémunir contre les maladies vénériennes ! Au fil des siècles, on utilise de la soie, du tissu huilé ou du velours. On cherche aussi à éviter les grossesses. Mais le vrai progrès est l'apparition du préservatif en caoutchouc. Le procédé de vulcanisation du caoutchouc est inventé par Charles Goodyear en 1839 et breveté en 1844. Le premier préservatif en caoutchouc est produit en 1855. Il est lavable et réutilisable, mais épais comme une chambre à air de vélo ! En 1930, le latex liquide permet d'obtenir une texture beaucoup plus fine et tout aussi solide.

Kir

À Dijon, on sert depuis très longtemps le cocktail composé de crème de cassis et de vin blanc qu'on appelle parfois « rince-cochon ». Il faut dire qu'on cultive beaucoup de cassis dans la région. Ce n'est donc pas, comme on le croit généralement, le chanoine Félix Kir, député-maire de Dijon de 1945 à 1968, qui a inventé la recette de ce breuvage, mais il l'a popularisé en le servant systématiquement à toutes les réceptions municipales et en l'exportant jusqu'à la buvette de l'Assemblée nationale ! L'entreprise locale Lejay-Lagoute a obtenu en 1952 le droit d'utiliser cette appellation qui est depuis déposée.

Bicyclette

L'origine de la bicyclette est marquée par la rivalité atavique entre la France et l'Allemagne. C'est le baron Karl Drais von Sauerbronn qui lance le premier sa *Laufmaschine*, qu'on va très vite appeler la « draisienne » : elle se répand en Europe. Mais dans les années 1890, le journaliste Louis Baudry de Saunier exhume un ancêtre français du vélocipède, le célérifère, prétendument inventé dès 1790 par le comte de Sivrac. Pendant des années, on raconte donc en France que le vélo est né dans l'esprit d'un génie français… jusqu'au jour où on reconnaîtra qu'il s'agit d'un canular, inventé après-coup, pour satisfaire le chauvinisme français. Rendons donc son certificat d'antériorité à la draisienne ! Les améliorations du vélocipède, rapidement abrégé en « vélo », se succèdent, avec des roues de taille presque égale, l'invention de la chaîne. Puis John Boyd Dunlop et Édouard Michelin œuvrent tous deux pour le confort des fesses des cyclistes en créant des pneumatiques capables d'amortir les cahots dus à la route.

Système métrique

Quelle confusion dans les systèmes de poids et mesures jusqu'au XVIIIe siècle ! Non seulement les noms et les mesures variaient d'un pays à l'autre, mais au sein d'un même pays, on pouvait trouver des mesures différentes comme le pied, la coudée, la toise ou le boisseau, et elles ne recouvraient pas les mêmes quantités suivant l'endroit où on les employait. En France, on se préoccupe de réformer tout cela dès 1775 environ, comme l'exprime Condorcet, mais de manière plus décidée encore sous la Révolution. En février 1791, une commission de scientifiques est créée pour se pencher sur la question : on voudrait fixer un étalon incontestable pour servir d'unité de mesure de référence. Et c'est ainsi que le 26 mars 1791 est institué le mètre, dont la longueur est égale à la dix-millionième partie du quart du méridien terrestre. Le système métrique décimal est adopté le 7 avril 1795 par la loi « relative aux poids et mesures ». C'est une révolution qui se répand dans le monde entier.

Aiguille

Évidemment la tradition ne nous a pas conservé le nom de l'homme des cavernes qui a inventé l'aiguille pour coudre entre elles les peaux de bête ! Il n'empêche que c'est une découverte majeure pour la survie de l'espèce, car il ne suffit pas de dépecer et de découper les fourrures, il faut encore les ajuster pour qu'elles protègent du froid. C'est surtout quand on a commencé à perforer une extrémité, ou le milieu parfois, de l'aiguille et à créer un chas que tout est devenu plus simple pour coudre. On a retrouvé des aiguilles en ivoire de mammouth, en os de renne et en défense de morse dans des sites datant du Paléolithique. Dès 1370, dans la ville de Nuremberg, on fabriquait des aiguilles d'acier poli.

Chèque bancaire

Les larrons, les coupe-jarrets, les pillards et les détrousseurs guettaient les voyageurs pour leur voler leurs espèces sonnantes et trébuchantes. Il a donc fallu imaginer d'autres moyens de paiement et dès le XIIe siècle, les marchands génois mettent au point les « lettres de foire », promesses de paiement certifiées par un notaire, utilisées dans les grandes foires de Champagne en particulier. Elles deviennent ensuite les « lettres de change ». Mais ce sont les Anglais qui, au XVIIIe siècle, perfectionnent le principe du chèque bancaire. La Banque de France émet en 1826 ses premiers « mandats blancs », et les premiers chèques apparaissent en 1865. En 1918, pour en développer l'usage, le réseau des bureaux de poste est utilisé pour créer le compte chèque postal. Le chèque met du temps à s'imposer : en 1966, seuls dix-sept pour cent des Français étaient titulaires d'un compte. On pense que ce mode de paiement va disparaître, concurrencé par les paiements mobiles, les cartes bancaires et les virements.

Métronome

L'histoire du métronome commence en Allemagne, à Ratisbonne, où naît Johann Maëlzel, de parents facteurs d'orgues. Il est bon pianiste, mais se passionne aussi pour les automates et les mécanismes d'horlogerie. À vingt ans, il devient ami avec un certain Ludwig van Beethoven, de deux ans son aîné. Il se lance alors dans la construction d'un instrument précis pour indiquer le tempo aux musiciens (*allegro*, *presto*, etc.). Il existe bien un « chronomètre » inventé par Étienne Loulié, mais il est encombrant et lourd. Il se rapproche d'un mécanicien hollandais, Dietrich Nikolaus Winkel, et ils mettent au point en 1812 le métronome. Maëlzel s'en attribuera le seul mérite et le commercialisera à partir de 1815 en privant Winkel des profits de leur invention commune. Si Beethoven apprécie l'invention et donne même des indications métronomiques pour ses huit symphonies, d'autres musiciens n'y verront que froideur et impersonnalité et le rangeront au placard, ne le jugeant bon que pour les amateurs et les débutants.

Kaki (couleur des vêtements militaires)

En 1848, Sir Harry Lumsden, qui dirigeait en Inde un régiment anglais, était désespéré de voir les uniformes blancs sans cesse souillés par la poussière. Il eut l'idée de faire teindre les tenues de ses hommes avec un mélange de café, de curry et de jus de mûre ! Les Indiens baptisèrent la couleur obtenue « khaki », ce qui signifie « couleur de poussière, de terre » en hindi. Rappelons qu'aux siècles précédents, l'uniforme servait à mettre en valeur le corps des soldats et à repérer les troupes même dans la fumée qui envahissait les champs de bataille avec les explosions de poudre noire. On préférait alors les tenues de couleur voyante, rouges en particulier.
Le camouflage des armées est une préoccupation somme toute récente.

SOS

Ces trois lettres forment depuis la Conférence radiotélégraphique internationale de Berlin du 3 novembre 1906 le message universel de détresse. Il est très facile à traduire en morse : trois points, trois traits, trois points, en traitant le signal comme un mot, sans espaces entre les lettres. Il a été après-coup rattaché à des expressions en anglais dont il pourrait être le sigle, comme *save our souls*, c'est-à-dire « sauvez nos âmes », *save our ship* (« sauvez notre bateau ») ou bien encore *send out succour* (« envoyez les secours »). Mais c'est complètement factice. Un des premiers et des plus célèbres SOS lancés en mer est celui des équipes radio du paquebot *Titanic*, lorsqu'il heurta un iceberg le 14 avril 1912.

Seringue

Depuis l'Antiquité, l'usage médical de canules en roseau est connu pour les lavements. C'est Marco Gatenaria, médecin de Pavie, qui invente à la fin du XVe siècle les premières seringues en bois munies d'un piston. Le chirurgien français Dominique Anel (1679-1730) parvient à réduire la taille de l'instrument, désormais en métal. Comme on a découvert le principe de la circulation sanguine depuis 1628, on peut désormais pratiquer des injections en intraveineuse. L'utilisation du verre et de l'aiguille creuse (1844, invention du médecin irlandais Francis Pynd) permet au chirurgien français Pravaz (1791-1853) et à l'Écossais Alexander Wood (1817-1884) d'améliorer la méthode, notamment pour les anesthésies. L'emploi du plastique jetable sera un perfectionnement décisif.

Guillotine

Il faut garder à l'esprit que pendant des siècles, on a estimé que la peine de mort par décapitation, à l'épée ou à la hache, était plus honorable que toute autre (pendaison ou bûcher). En effet, périr par le fer restait la mort d'un guerrier ou d'un aristocrate. Hélas le malheureux condamné dépendait beaucoup de l'habileté du bourreau et il fallait parfois s'y reprendre à plusieurs reprises… On a essayé de trouver des appareils plus sûrs et permettant une exécution immédiate, en Allemagne, en Italie et en Angleterre. Mais c'est en 1789 qu'en France, Joseph Ignace Guillotin, médecin et député, propose une loi qui introduit cet instrument. Il n'en est cependant pas l'inventeur, comme on le croit souvent. C'est un autre médecin, le docteur Antoine Louis, qui l'a mis au point, si bien que ses premiers surnoms seront la « Louison » ou la « Louisette », avant qu'on ne l'appelle définitivement la « guillotine ». Après quelques essais sur des animaux et des cadavres, le premier condamné est exécuté le 25 avril 1792, premier d'une longue et sinistre liste…

Métropolitain

La « Metropolitan line » de Londres est une pionnière : inaugurée le 10 janvier 1863, elle a été conçue par Charles Pearson et s'étend sur six kilomètres et demi. Elle utilise une traction à vapeur. En France, dès 1855, on a pensé relier en sous-sol les halles de Paris à la « petite ceinture » qui était en construction, mais on n'a pas trouvé de financements. Les métropoles européennes emboîtent le pas aux Britanniques : Athènes en 1869, Istanbul en 1875, Budapest en 1896 avec onze stations. À Vienne, les travaux sont lancés la même année qu'à Paris, en 1898. Le chantier parisien emploie plus de deux mille ouvriers. En 1890 le métro de Londres est passé à la traction électrique, que choisissent aussi le chef d'entreprise en charge du projet, Édouard Empain, et son ingénieur Fulgence Bienvenüe. La première ligne relie la porte Maillot à la porte de Vincennes après dix-sept mois de travaux. Son inauguration a lieu en juillet 1900, pendant l'Exposition universelle. Le projet ambitieux de six lignes sera un grand succès populaire immédiat.

Rugby

Ce sport tire son nom de la ville de Rugby, dans le Centre de l'Angleterre. En 1823, alors que dans toutes les universités du Royaume-Uni ou presque, on jouait au football, William Webb Ellis, lors d'un match, aurait saisi le ballon pour le porter jusque dans les buts. Le directeur de l'université, amusé et séduit, aurait alors encouragé cette nouvelle pratique du jeu. Les tenants du jeu au pied et du jeu à la main ont progressivement formé deux groupes complètement opposés. La première codification du « rugby football » intervient en 1846 ; elle est précisée en 1863 et officialisée en 1871, avec une fédération distincte. L'adoption d'un ballon ovale se fait en 1877, en même temps que le choix du nombre de quinze joueurs par équipe. Le premier club français est celui du Havre Athletic, fondé en 1880.

Monopoly

Pendant très longtemps on a pensé que le seul inventeur du Monopoly était Charles Darrow, chômeur dans la misère après la crise de 1929, et qu'il l'a créé au fond de son garage. Il l'aurait proposé à l'éditeur de jeux Parker Brothers, qui le lui aurait refusé, car trop complexe. Finalement, Darrow l'aurait autoédité, avec un succès tel que Parker serait revenu vers lui et lui aurait racheté ses droits en 1935, faisant de ce chômeur un milliardaire. Belle histoire, très américaine, largement diffusée par Parker Brothers… On oublie dans ce récit que dès 1904, Elizabeth Magie a déposé le brevet d'un jeu très proche qui a sans aucun doute servi de modèle, le « Jeu du propriétaire foncier » (*The Landlord's Game*), inspiré par les théories économiques de l'époque. La preuve de cette filiation est apportée par Parker Brothers lui-même, qui rachète également son jeu à cette femme, dans la foulée du Monopoly, en 1936, pour s'assurer une paisible jouissance de la commercialisation de son jeu phare.

Parapluie, parasol, ombrelle

La présence de cet accessoire qui protège, suivant le temps, de la pluie ou des rayons du soleil est attestée en Grèce, en Chine et en Perse. En Europe, on commença à en fabriquer dès le XVIIe siècle, plutôt comme un complément de la toilette féminine. À Paris, c'est en 1710 que Jean Marius obtint un privilège royal de cinq ans pour son invention du parapluie pliant dénommé « parasol-parapluye brisé à porter dans sa poche ». La princesse palatine l'adopta à la Cour. Le premier Anglais qui décida de constamment se promener à Londres avec un parapluie, Sir Jonas Hanway (1712-1786), était un philanthrope excentrique qui passa pour fou, alors qu'il n'était qu'un avant-gardiste de la mode britannique ! L'amiral Wellington, lui, dissimulait une rapière dans son parapluie. Lui aussi était un précurseur ; il anticipait le « coup du parapluie bulgare », spécialité des services secrets soviétiques dans les années 1970 : le parapluie, devenu une arme redoutable, cachait une pointe enduite de poison ! Le dissident bulgare Georgi Markov en fut notamment victime en 1978.

Canon

Les Chinois ont inventé la poudre et, par là même, le canon, créant ainsi les premières pièces d'artillerie. D'abord simples tubes de bambou permettant d'envoyer de petits projectiles, les canons deviennent des « tubes à feu » en métal, mis au point vers 1100, capables d'envoyer des boulets. L'invention se répand chez les Arabes au XIIIe siècle. En Europe, les trois canons de l'armée d'Édouard III d'Angleterre auraient terrorisé les troupes françaises à Crécy le 26 août 1346. Froissart, dans ses *Grandes chroniques*, explique qu'à cause de ce fracas, « il semblait que Dieu tonnât avec grand massacre de gens et renversement de chevaux ». Mais il écrit un siècle après la bataille et certains historiens pensent que Crécy reste surtout un affrontement d'archers et d'arbalétriers, « à l'ancienne ».

Limonade

En argot d'autrefois, quand on disait « il est tombé dans la limonade », on évoquait un pauvre bougre réduit à la misère. De fait, la limonade est une des boissons les plus simples et les plus anciennes ; elle était vendue dans les rues et les commerces de boissons dès le XVIIe siècle. À base d'eau, de jus de citron et de sucre, elle n'était pas gazeuse à l'époque, mais elle était tellement répandue que les vendeurs de boissons au détail étaient appelés les « limonadiers ». Au siècle suivant, Madame Bourette, qui tenait un café célèbre fréquenté par des hommes de lettres, se piquait d'écrire des vers et on la surnomma la « Muse Limonadière ». Ce n'est qu'au XIXe siècle en France que la recette de la limonade s'est distinguée de celle de la citronnade par l'utilisation d'eau gazeuse.

Tube de peinture

Sans cette invention, pas d'impressionnistes ! En effet, avant la mise au point du tube de peinture souple, un peintre devait préparer ses couleurs dans son atelier en broyant les pigments avec un liant. La conservation du mélange était délicate et il fallait utiliser presque immédiatement le produit. Quand en 1841, le peintre américain John Goffe Rand dépose à Londres le brevet du tube, fait d'une feuille d'étain pliée et fermée par une pince, il ouvre de nouvelles perspectives : l'artiste peut désormais emporter avec lui son matériel et poser son chevalet où il veut, y compris en plein air ! En France, la maison Lefranc qui commercialise ces petits tubes les rend encore plus pratiques à partir de 1859 en y ajoutant un bouchon à pas de vis facilement refermable.

Tennis

L'étymologie du mot « tennis » nous dit son origine. Il est la déformation du verbe français « tenez », que l'on adressait à l'adversaire au moment de servir au jeu de paume, inventé au XIIIe siècle en France, mais qui s'est répandu un peu partout. On pouvait faire rebondir la balle sur les murs d'une salle et on se servait de la paume. Le tennis moderne est né en Angleterre, chez les aristocrates qui y jouaient sur gazon dans leurs résidences. Vers 1874, le major Walter Clopton Wingfield écrit des règles un peu confuses pour codifier ce qui se pratique déjà sur un terrain en forme de sablier. L'invention du caoutchouc permet de fabriquer des balles bondissantes qui changent considérablement le jeu. Un premier tournoi est organisé en 1876 dans le Massachusetts et la première édition de Wimbledon a lieu en juillet 1877. Le premier tournoi féminin se tient à Dublin en 1879. En 1881, l'US Open fait son apparition. Le tennis connaît sa première compétition internationale française en 1891, au Stade français, puis à Roland Garros à partir de 1925.

Cellule photovoltaïque

Le soleil éclaire, chauffe, mais comment transformer et conserver l'énergie qu'il diffuse sur la Terre ? Ce problème est resté longtemps un sujet de recherches fondamentales avec peu d'applications pratiques possibles. Le premier à avoir mis en évidence ce qu'on appelle « l'effet photovoltaïque », c'est-à-dire la mise en mouvement d'électrons dans un liquide une fois qu'ils sont soumis à un rayonnement solaire suffisant, est Antoine Becquerel en 1839. Dans la famille Becquerel, on connaît mieux son petit-fils Antoine-Henri, qui a décrit la radioactivité une soixantaine d'années plus tard. Les premières cellules photovoltaïques à produire de l'électricité ont été construites par l'Américain Charles Fritts en 1883, mais elles utilisaient du sélénium et de l'or, qui sont deux matériaux très coûteux, pour un rendement très faible. Les satellites ont ensuite bénéficié de cette application pour alimenter leurs émetteurs radio à partir de 1958. Et depuis les années 1970, les innovations ne cessent de rendre cette énergie plus rentable.

Mots croisés

Les premiers mots croisés ont été publiés le 21 décembre 1913 dans le supplément dominical du *New York World*, le *Fun*. L'auteur de cette grille, avec ses cases noires et ses mots à la verticale et à l'horizontale, est Arthur Wynne. Le jeu arrive en Grande-Bretagne le 2 novembre 1924 seulement, dans le *Sunday Express*. En France, les premières grilles sont publiées en 1924-1925 dans le *Dimanche illustré* sous le nom de « mosaïque mystérieuse », puis dans *Le Gaulois* et *L'Excelsior* sous le nom définitivement adopté de « mots croisés ». À noter qu'un amateur de mots croisés s'appelle un « cruciverbiste », alors qu'un auteur de grilles s'appelle un « verbicruciste »…

Vespasienne

L'empereur Vespasien a laissé son nom dans l'histoire pour avoir levé un impôt sur les urines (collectées par les teinturiers pour la pratique de leur artisanat) et déclaré face aux critiques : « L'argent n'a pas d'odeur. » À Paris, sous l'Ancien Régime, il y a des barils disposés au coin des rues pour satisfaire les envies pressantes des messieurs. Puis en 1834, on construit des petits édifices que le public appelle « colonnes Rambuteau », du nom du préfet de la Seine qui en a ordonné l'installation. Pour éviter les railleries sur son nom et pour rappeler le bon empereur, elles sont officiellement baptisées « colonnes vespasiennes ». À partir de 1839, elles deviennent « colonnes mauresques », avec un affichage extérieur. Mais en 1868, on différencie les vespasiennes (colonnes urinoirs) des colonnes Morris, pour annoncer les spectacles. Avec les fontaines Wallace, ces édicules font partie de l'environnement typiquement parisien de la fin du XIXe siècle.

Braille

Dès le XVIIIe siècle, sous l'influence de la philosophie sensualiste, on organise pour les aveugles un enseignement spécifique. C'est ainsi qu'est créée en 1784, par Valentin Haüy, l'Institution royale des jeunes aveugles. En 1820, un capitaine d'artillerie, Barbier de La Serre, développe une « écriture nocturne » qui permet d'écrire sans allumer sa lampe pour ne pas se faire repérer par l'ennemi. Il en voit d'autres applications et présente un an plus tard son principe de « sonographie » à l'Institution royale des jeunes aveugles. Un des pensionnaires, Louis Braille, particulièrement doué et inventif, va s'emparer du système et le perfectionner. Il met alors au point, à l'âge de seize ans, le système d'écriture qui porte son nom et qui utilise une matrice de deux fois trois points dans du papier embossé, facile à décoder avec la pulpe du doigt. En 1829 il fait enfin paraître, imprimé en relief, le *Procédé pour écrire les paroles, la musique et le plain-chant au moyen de points, à l'usage des aveugles et disposés pour eux, par Louis Braille, répétiteur à l'Institution royale des jeunes aveugles.*

Radar

Que signifie le mot « radar » ? C'est l'acronyme de *radio detection and ranging*, système qui permet de détecter et d'évaluer la distance à laquelle se trouve un objet en utilisant des ondes radio. L'idée en est venue très tôt, mais la première réalisation est expérimentée avec succès par Robert Watson-Watt (1892-1973), un physicien écossais, en 1935. Il va d'ailleurs déployer une série de stations radar, sous le nom de « Chain Home », tout le long des côtes de Grande-Bretagne. Ce dispositif permettra à ce pays de résister aux attaques de l'aviation allemande durant la seconde guerre mondiale. Les stations étaient au nombre de dix-neuf au début du conflit et plus d'une cinquantaine à la fin de la guerre. Cinq d'entre elles protégeaient Londres.

Voiture électrique

Dès l'origine, le problème de la voiture électrique, c'est la batterie ! Des prototypes voient le jour quand on commence à maîtriser cette question, vers 1870-1880. Mais les batteries au plomb sont extrêmement lourdes. Une flotte de taxis se met en place : les batteries sont rechargées en station le soir. Vers 1900, les voitures électriques connaissent donc un certain succès et représentent aux États-Unis trente-huit pour cent du parc automobile (certes modeste), même si leur autonomie reste limitée. Mais quand la voiture à essence, beaucoup plus légère, voit ses coûts de fabrication baisser considérablement, avec le travail à la chaîne et des commandes en expansion, la voiture électrique, plus coûteuse, est délaissée.

Sampler

L'électronique et le numérique ont révolutionné le monde de la musique. Le plus fantastique exemple en est sans doute le sampler, instrument de musique à part entière, qui enregistre des échantillons de son de percussions, d'instruments, d'orchestre, pour les introduire dans de nouveaux morceaux de musique. On l'appelle aussi en français un « échantillonneur ». Son ancêtre est le mellotron (nom composé à partir de *melody* et *electronics*), qui fonctionnait avec des bandes magnétiques et qu'on utilisait dans les années 1960. Le premier sampler numérique date de 1979. Depuis qu'on utilise cet instrument, les procès opposant les artistes se sont multipliés, s'étendant parfois sur des dizaines d'années, pour arriver à répondre à la question :
« Sampler est-il jouer ? »

Carte postale

L'invention de la carte postale est autrichienne : on la doit à Emanuel Herrmann, professeur à Vienne, qui propose en 1869 une *Correspondenzkarte* qu'on peut envoyer à découvert. Les Français n'ont guère envie à cette époque d'adopter un usage venu d'outre-Rhin. Mais le principe est vraiment séduisant. Alors un article du *Petit journal* d'août 1902 attribue à Léon Besnardeau, libraire-papetier de Sillé, dans la Sarthe, l'invention en 1870 de la carte postale illustrée, pour permettre aux soldats cantonnés dans le camp de Conlie de correspondre avec leur famille. L'orgueil cocardier est ainsi sauf ! En réalité, cette carte était une image commémorative, sans doute publiée après la guerre et n'ayant pas fait l'objet d'un envoi postal... En France, l'usage de la carte postale se développe à partir de 1872-1873. C'est d'abord un monopole d'État, mais les firmes peuvent mettre au dos une publicité. L'impression d'une photographie au dos de la carte est un peu plus tardive (1891) et on la doit à un imprimeur marseillais, Dominique Piazza.

Bombe atomique

« Pour fabriquer une bombe "A"
Mes enfants croyez-moi
C'est vraiment de la tarte
La question du détonateur
S'résout en un quart d'heur'
C'est de cell's qu'on écarte
En c'qui concerne la bombe "H"
C'est pas beaucoup plus vach' »

Même si Boris Vian, en 1955, dans sa *Java des bombes atomiques*, se moquait des apprentis sorciers qui travaillaient sur la bombe atomique, le sujet est évidemment grave. La première fission nucléaire est réalisée à Berlin en 1938 et une course-poursuite s'engage alors pour mettre au point cette arme. C'est aux États-Unis que le « Projet Manhattan » aboutit en premier à un développement industriel, à partir de 1943. Le Laboratoire national de Los Alamos (LANL), dirigé par le physicien Robert Oppenheimer, avec une brillante équipe de physiciens, parmi lesquels quatre prix Nobel de physique, peut être considéré comme l'inventeur de cette arme redoutable. Einstein, par ses travaux, aura contribué à son élaboration. Mais le FBI, alerté de ses positions profondément pacifistes, l'écartera de toute participation directe au projet.

Avion

Le mot apparaît pour la première fois dans le brevet que dépose le 19 avril 1890 Clément Ader. Le premier appareil qu'il construit, l'*Éole*, rase le sol en 1890 sur cinquante mètres. Son troisième prototype parcourt trois cents mètres en 1897. Mais on ne parle pas encore de « vol », l'appareil se soulève brièvement de quelques centimètres au-dessus du sol ! Les premiers vols motorisés et contrôlés sont effectués en Caroline du Nord par le *Flyer* des frères Wright en 1903, mais il est propulsé par une catapulte au décollage. En 1906, Santos-Dumont, génial inventeur brésilien qui travaille en France, présente le premier avion autopropulsé qui parcourt « au-dessus de l'herbe », devant une foule enthousiaste, la distance de… soixante mètres !

Bretelles

Si je vous dis « H-Back », « X-Back » ou « Y-Back », pensez-vous immédiatement aux bretelles, accessoire incontournable du hipster parisien ? Pas forcément, et pourtant, c'est l'évolution de la forme des bretelles dans le dos qui est ainsi décrite. Les bretelles seraient nées en France au XVIe siècle pour soutenir les chausses. Puis les sans-culottes les auraient popularisées. Mais l'histoire des bretelles est un peu difficile à démarquer de sa légende : Benjamin Franklin les aurait tellement appréciées qu'il les aurait fait adopter aux pompiers de Philadelphie ; quant à Napoléon, il aurait utilisé des boutons en forme d'abeille pour fixer les siennes ! Pour s'en tenir aux certitudes, c'est Charles Antheaulme, à Rouen, qui inventa vers 1800 les bretelles élastiques. À Londres, Albert Thurston leur donna leurs lettres de noblesse. Et Mark Twain, sous son vrai nom de Samuel Clemens, déposa en 1871 un brevet pour rendre leur réglage plus commode : il inventa du même coup le système d'agrafes des soutiens-gorge !

Éclairage public

Pourquoi éclairer les rues la nuit ? Et depuis quand ? Il semble que les grandes villes se sont dotées dès l'Antiquité de systèmes d'éclairage assez importants, notamment sous la domination romaine. Il s'agit là d'une mesure de confort, certes, mais surtout de sécurité publique. On le sait, les coupe-gorge sont toujours plongés dans la semi-obscurité. Si dès 1414, à Londres, on impose à chaque citoyen d'accrocher une lanterne devant sa maison pour éclairer son bout de rue, la question ne devient l'affaire des autorités publiques que plus tard. À Paris, à partir de 1667, Gabriel Nicolas de La Reynie, lieutenant général de la police, commence à installer des lanternes aux deux extrémités des rues. Une taxe est désormais prélevée pour les « boues » (ordures) et les lanternes, et un commis passe pour donner l'heure et le signal d'allumer les chandelles dans les lanternes publiques. Les lampes à huile, les becs de gaz puis enfin l'électricité procureront de constantes améliorations.

Rhum

« Donne du rhum à ton homme… », dit la chanson de Georges Moustaki. Mais qui a inventé le rhum ? Son nom vient de l'anglais *rumbellion* et c'est à la Barbade, dans les années 1645, que les premiers alambics ont vu passer la mélasse issue du sucre de canne. On appelle alors aussi ce breuvage redoutable *kill devil*, littéralement « mort au démon ». Mais un missionnaire français très au fait des techniques de distillation, le père Jean-Baptiste Labat (1663-1738), perfectionne cette eau-de-vie pour lui donner un meilleur goût et une belle teinte ambrée après passage en fût de chêne. On trouve encore sur Marie-Galante une distillerie qui perpétue son nom. Et en créole martiniquais, le terme « pèrlaba » qualifie un esprit malin…

Fusée

Partir vers les étoiles pour explorer l'univers… voilà un rêve que l'homme a nourri en imaginant des voyages intersidéraux. Dès la fin du XIXe siècle, des chercheurs imaginent pouvoir propulser un engin, notamment en utilisant de l'ergol liquide : le premier prototype est lancé dans le Massachusetts en 1926. Cependant, les premières fusées balistiques sont des engins de guerre développés par les Allemands sous la direction de Wernher von Braun (1912-1977), directeur technique du centre de Peenemünde. Il s'agit des fameux V2. Après 1945, toute la technologie passe aux États-Unis et en URSS. Dès 1946, chacun des deux pays propulse sa première fusée : la course à l'espace est lancée entre les deux superpuissances.

Grog

Les ligues antialcooliques n'apprécient guère ce remède de bonne femme très répandu qui consiste à soigner un rhume ou une angine en buvant de l'eau très chaude et bien sucrée additionnée d'un alcool fort, du rhum en particulier. Mais quand l'amiral anglais Edward Vernon, en 1740, décide d'ajouter un litre d'eau chaude à chaque quart de litre de rhum de ses soldats, il œuvre au contraire pour réduire l'alcoolisme de ses marins ! Le nom de la boisson vient du surnom affectueux que l'équipage avait donné à l'amiral : on l'appelait « le Vieux Grog », en référence au manteau de grogram, gros tissu anglais, qu'il portait habituellement. Plus tard, pour lutter contre le scorbut, on y ajoutera du jus de citron.

Réfrigérateur

Dès l'origine, le feu a permis de chauffer à volonté les aliments. Mais comment produire du froid ? On a bien cherché à emmagasiner sous terre la neige de l'hiver ou des hauts sommets pour la conserver un moment, mais produire artificiellement du froid a demandé bien des recherches. Et ce sont les produits chimiques qui ont permis de produire de la glace à volonté. En 1685 on découvre qu'en enveloppant de sel d'ammoniac humide une toile pleine d'eau fraîche, on obtient de la glace. Mais le procédé n'est pas exploité avant le XIXe siècle. L'imprimeur écossais James Harrison, émigré en Australie, remarque que l'éther crée un fort refroidissement en s'évaporant. Il va concevoir en 1851 une machine frigorifique à compression de vapeur d'éther. Mais la production est encore trop coûteuse. C'est finalement Carl von Linde qui, en 1876, invente le réfrigérateur domestique moderne, qui sera commercialisé à partir de 1913 à Chicago. La marque Frigidaire apparaît en 1919 et donnera son surnom de « frigo » à cet appareil qui équipe quatre-vingt-dix-neuf pour cent des foyers français.

Caoutchouc

Les Amérindiens connaissaient depuis longtemps une matière élastique et collante provenant du latex de différentes plantes, en particulier de l'hévéa et du guayule, quand les conquistadors en ont découvert l'existence. Utilisée par les autochtones pour fabriquer quelques objets du quotidien, mais aussi considérée comme sacrée, cette substance a été étudiée surtout par La Condamine, vers 1736, durant sa grande expédition au fil de l'Amazone. Il a à peine francisé son nom quechua d'origine, *caotchu* – *cao*, « bois », et *tchu*, « qui pleure » –, en « caoutchouc ». Mais tel quel, le produit n'est pas très utilisable et reste un objet de cabinet de curiosités. Il fond à la chaleur et casse au froid. C'est le chimiste américain Charles Goodyear qui découvre en 1839 qu'en faisant agir le soufre et la chaleur, on change ses propriétés : il vient d'inventer ce qu'on appellera la « vulcanisation », mais il néglige d'en déposer le brevet. Il se ruinera durant les dernières années de sa vie en procès contre ceux qu'il considérera comme des « pirates de brevet », voleurs de son invention.

Pile électrique

Les premiers phénomènes électriques qu'on a observés tenaient à l'électricité statique. L'invention de la pile électrique est un progrès considérable car tout à coup, on a compris que l'électricité peut circuler et qu'on peut la produire en transformant des réactions chimiques en courant électrique (électrolyse). Einstein ne s'y est pas trompé quand il a rendu hommage à Alessandro Volta (1745-1827) en se recueillant sur sa tombe à Côme et en disant que l'invention de la pile de Volta « est la base fondamentale de toutes les inventions ». C'est en l'honneur de Volta qu'on a donné le nom de « volt » à l'unité de tension électrique. Volta a travaillé sur les métaux à partir de 1792 et mis en évidence les charges électriques et la circulation d'un courant de basse tension.

Accordéon

Des célébrités ont donné ses lettres de noblesse au « piano à bretelles » ou « piano du pauvre », autre nom de l'accordéon. On pense évidemment à Valéry Giscard d'Estaing, mais bien avant lui, Chateaubriand nota dans ses *Mémoires d'outre-tombe*, à la date de 1833 : « Le maître de poste de Schlau [aujourd'hui Slaný, près de Prague] venait d'inventer l'accordéon : il m'en vendit un ; toute la nuit, je fis jouer le soufflet dont le son emportait pour moi le souvenir du monde. » À vrai dire, beaucoup d'instruments du même type (anche libre métallique, soufflet et clavier) furent inventés au début du XIXe siècle, avec des noms plus extraordinaires les uns que les autres, comme l'aéoline (1816), l'aéolo-mélodion (1818), l'éoline (1820) ou la mundéoline (1823), tous imaginés dans l'Est de l'Europe. En 1829, le facteur de pianos et d'orgues Cyrill Demian, d'origine arménienne, déposa à Vienne, avec ses deux fils, un brevet pour un nouvel instrument nommé « Akkordion », qui fut ensuite francisé en « accordéon ».

Basket-ball

On peut attribuer une date de naissance précise à ce sport : c'est le 21 décembre 1891 qu'a eu lieu le premier match. Il se trouve que cette année-là, la promo du YMCA Training Institute, à Springfield, dans le Massachusetts, était constituée de fortes têtes qui avaient déjà poussé à la démission deux professeurs d'éducation physique. Le Canadien James Naismith était chargé de trouver une activité d'intérieur qui les intéresse un peu. Après diverses tentatives ratées, le moniteur s'est inspiré d'un jeu d'enfants, *duck on the rock*, où l'on doit mettre une balle dans un filet. Il a rédigé treize règles et le 21 décembre 1891, il a pris deux paniers de pêche qu'il a installés en hauteur, a divisé les étudiants en deux équipes de neuf et a sifflé le début du premier match de basket de l'histoire. Une vraie réussite ! Seul bémol : le prof de gym avait oublié d'interdire les contacts physiques entre adversaires et la partie s'est terminée en bagarre générale… Peu importe, un des sports les plus populaires était né.

Sandwich

Premier lord de l'Amirauté, Sir John Montagu (1718-1792), quatrième comte de Sandwich, était si passionné de jeux de cartes qu'il en oubliait de manger. Son cuisinier, soucieux du confort et de la santé de son maître, improvisa une collation en plaçant viande froide et fromage entre deux tranches de pain et la lui fit porter à sa table de jeu. Enthousiaste, le lord se régala et transmit cette mode à son entourage. Voilà en tout cas la légende qui s'attache à la création de ce casse-croûte. Nous sommes alors en 1762. Plus tard, en 1778, quand James Cook se lança dans ses voyages d'exploration, il se souvint du comte Montagu qui avait soutenu son expédition et donna son nom à un archipel polynésien. Les îles Sandwich sont aujourd'hui connues sous le nom d'archipel d'Hawaï.

Volley-ball

Le volley-ball est un sport créé récemment. Il dérive directement du basket et du tennis. En effet, William G. Morgan a pour professeur de sport au YMCA de Springfield James Naismith, qui vient de créer le basket (1891). Quand à son tour il enseigne le sport à l'université de Holyoke, il constate que le basket n'enchante pas ses élèves. Il pense d'abord les faire jouer au tennis, mais les investissements en matériel sont un peu trop coûteux. Il va alors imaginer de mélanger les deux sports. Il installe un filet et fait fabriquer un ballon spécifique, moins lourd que celui de basket. Il appelle ce nouveau jeu « mintonette », de l'anglais *to mint*, qui signifie « taper ». Lors d'une démonstration en 1896, un autre professeur de Springfield, Alfred Halstead, constatant qu'on fait beaucoup de volées, a l'idée du nom « volley-ball ». Le sport va se répandre à travers tout le réseau des YMCA. Ce sont les soldats américains de la première guerre mondiale qui l'exporteront en Europe.

Baïonnette

Il fut un temps où, à la guerre, on trouvait côte à côte dans l'infanterie les piquiers, armés de piques, et les arquebusiers ou mousquetaires, armés d'arquebuses ou de mousquets. Les piquiers devaient arrêter la cavalerie adverse. Mais sous Louis XIV on imagina un dispositif amovible qui permettait de transformer le fusil en pique : la baïonnette. Cet ustensile assez barbare fut d'abord fabriqué à Bayonne, ville qui lui donna son nom. Elle resta en usage jusqu'au milieu du XXe siècle. La volonté de « moraliser » l'art de la guerre prête toujours à sourire jaune : les baïonnettes allemandes, crantées, furent jugées trop barbares et interdites par la convention de Genève, tandis que la baïonnette droite, bien franche, restait préconisée… On préférera évoquer pour finir les députés du serment du Jeu de Paume au tout début de la Révolution, qui promirent de ne quitter les lieux que « par la force des baïonnettes », opposant par là un mandat par les urnes à la violence d'État.

Velcro

George de Mestral (1907-1990) était un esprit inventif qui a déposé son premier brevet à l'âge de douze ans ! C'est à lui qu'on doit l'invention du Velcro, mais c'est un concours de circonstances qui l'a mis sur la voie de ce mode d'attache bien particulier. Il ne cherchait rien, mais a eu une idée nouvelle (on appelle ce phénomène fortuit une invention par « sérendipité »). En effet, en promenant son chien dans de hautes herbes, il a constaté que des petits éléments de la bardane restaient accrochés dans son pelage et, en les regardant au microscope, il a vu de tout petits crochets. Il a donc eu l'idée d'une fermeture textile en Nylon sur ce principe. Le velours crochet, ou Velcro, était né. Le brevet en a été déposé en 1950 et la marque en 1952.

Deltaplane

Voler comme un oiseau... un rêve qui prend ses racines dans les mythes grecs, mais qui comprend bien des risques, comme Icare l'a appris à ses dépens. Le pionnier moderne de cette technique est un Allemand du nom d'Otto Lilienthal (1848-1896). Il développe des prototypes qu'il teste lui-même et effectue plus de deux mille vols planés, jusqu'au jour d'août 1896 où une chute de quinze mètres lui est fatale. Dans son dernier souffle, il glisse à son frère : « Il fallait bien qu'il y ait des victimes... » Le deltaplane moderne est inventé une cinquantaine d'années plus tard par Francis Melvin Rogallo, qui cherche plutôt pour la NASA des équipements pour le retour dans l'atmosphère des capsules spatiales. Mais son système n'est pas retenu. Les sportifs vont dès lors s'emparer de l'aile delta et la mettre au point à la fin des années 1960, en Californie ou en Australie. Quelques années plus tard, la passion a gagné la Terre entière, y compris la France.

Lithographie

Comme beaucoup de techniques d'impression sophistiquées, la lithographie a demandé de nombreuses années de mise au point. Utilisant de la pierre (*lithos* en grec) sous forme de sortes de planches en faible relief et en creux, le dramaturge allemand Aloys Senefelder travailla avec ardeur à développer cette technique à partir de 1795. Comme pour l'eau-forte, le procédé pour attaquer la pierre est chimique. La légende veut que Senefelder, ne trouvant pas d'éditeurs pour ses pièces de théâtre, ait décidé de les imprimer lui-même et que, manquant de fortune pour acheter des plaques de cuivre, il ait essayé d'utiliser de la pierre, découvrant ainsi, presque par hasard, la lithographie. En tout cas, il déposa un brevet en Allemagne en 1799 et le procédé gagna toute l'Europe, surtout après les guerres napoléoniennes. C'est en 1837 que Godefroy Engelmann invente la chromolithographie, ou lithographie en couleurs, qu'utiliseront au XXᵉ siècle Picasso, Matisse et Chagall.

Soutien-gorge

Il est curieux de constater que l'origine du soutien-gorge, pièce de lingerie moderne, est finalement assez obscure. Le mot apparaît dans le dictionnaire Larousse en 1904. Il est censé libérer le corps de la femme du corset qui entrave son buste. Ainsi, en 1889, Herminie Cadolle (ancienne communarde reconvertie dans la lingerie à Buenos Aires !) présente à l'Exposition universelle de Paris un corset coupé en deux, un « corselet-gorge », qu'elle appelle « bien-être ». Mais il n'a guère d'adeptes. En 1913 apparaît aux États-Unis le premier soutien-gorge qui sépare les deux seins. C'est Caresse Crosby, éditorialiste et femme de lettres, qui l'imagine. Les grands progrès viendront des tissus et des bretelles élastiques.

Sudoku

Incontestablement, le nom « sudoku » est japonais. Il est l'abréviation de « suji wa dokushin ni kagiru », que l'on peut traduire par « le chiffre doit être unique ». C'est donc le nom que prend ce jeu au Japon en 1984. Mais le principe du jeu est beaucoup plus ancien et il est né en France. En effet, le 6 juillet 1895, le journal *La France* publie la première grille de casse-tête qui fonctionne sur ce principe, signée par un certain M. B. Mayniel. Jusqu'à la première guerre mondiale, on trouve ce passe-temps publié de temps à autre dans la presse. Puis il passe de mode. C'est en mai 1979 qu'une grille reparaît dans le *Dell Pencil Puzzles and Word Games*, magazine de jeux de réflexion : elle a été préparée par un architecte passionné de mots croisés et de casse-tête, Howard Garns. Son succès sera dès lors foudroyant.

Chapeau melon

Le légendaire chapelier londonien Lock a imaginé le premier chapeau melon en poils de lièvre, à la demande d'un certain William Coke qui cherchait pour ses gardes-chasses un couvre-chef qui les protégerait des branchages. En 1850, la compagnie Bowler Brothers en a repris la conception. Appelé *bowler hat* en anglais, il est nommé « chapeau melon » en français. Malgré son origine modeste, le chapeau melon est devenu le symbole de l'homme d'affaires de la City. Il a été immortalisé par la série britannique *The Avengers* (« Les vengeurs »), intitulée en français *Chapeau melon et bottes de cuir*, où l'espion John Steed arbore fièrement, même dans les circonstances les plus périlleuses, son chapeau melon et son grand parapluie noir. Elle a été créée en 1961, mais sa diffusion en France n'a commencé qu'en 1967.

Saxophone

Le Belge Antoine-Joseph, dit Adolphe, Sax (1814-1894) est sans conteste un inventeur hors pair dans le domaine de la musique. Fils d'un facteur d'instruments, il devient lui-même un joueur de clarinette magistral et se concentre sur l'amélioration des instruments à vent ; c'est ainsi qu'il invente l'instrument auquel il va donner son nom. Pour ne rien en divulguer trop tôt, il en fait une démonstration devant le jury de l'Exposition de l'industrie belge en 1841, mais il se dissimule derrière un rideau ! Il va présenter cette nouveauté aux musiciens les plus célèbres, comme Hector Berlioz en 1842, qui ne tarit pas d'éloges. Il installe une fabrique d'instruments de musique à Paris en juillet 1843 et met au point toute la famille des saxophones. Il dépose le brevet du « saxophon » en 1846, mais il déposera en tout plus de trente brevets. Il fait preuve de beaucoup d'ingéniosité pour améliorer justesse et facilité de jeu. Il va devenir directeur de la musique particulière de Napoléon III.

Baccalauréat

Le mot vient du latin et signifie « couronne de lauriers », qui marque le triomphe aux examens. Le terme est ancien mais le baccalauréat moderne a été créé le 17 mars 1808 par un décret de Napoléon. À l'origine, il ne comprenait que des épreuves orales dans les disciplines littéraires. Au premier examen, ils ne furent qu'une trentaine à se présenter ! La première femme bachelière fut Julie-Victoire Daubié, en 1861, et elle ne dut son diplôme qu'à l'intervention de l'impératrice Eugénie. Mais ce ne fut pas un passe-droit, bien au contraire. En effet, il n'était pas prévu par les textes qu'une femme puisse se présenter, Julie-Victoire avait eu bien du mal à trouver une académie pour l'inscrire à l'examen. Quant au ministre, il refusait d'apposer sa signature sur son diplôme même si elle avait validé toutes les épreuves ! L'impératrice, furieuse de l'apprendre, intervint en personne pour le faire céder.
Ce diplôme est le premier grade universitaire et donne ainsi accès aux études supérieures.

Porcelaine

Les experts débattent pour dater précisément l'apparition en Chine de la porcelaine, c'est-à-dire de la céramique produite à partir de kaolin et non pas de glaise ordinaire cuite à plus de mille deux cents degrés. Certains parlent de la dynastie des Chang, d'autres des Han. Toujours est-il que c'est un des produits phares que les Européens aiment à rapporter de leurs explorations. Ils restent longtemps sans savoir en fabriquer et c'est le père François-Xavier d'Entrecolles, un missionnaire jésuite, qui introduit en 1712 en France les premiers échantillons de kaolin ainsi que le procédé de fabrication chinois. La découverte d'un gisement de kaolin au sud de Limoges va permettre à cette ville de devenir la capitale française de la porcelaine.

Tiercé

Dès les premières courses hippiques apparaissent les paris, plus ou moins clandestins. Ce n'est qu'en 1891 que les paris sont mutualisés en France, c'est-à-dire que les joueurs parient les uns contre les autres et versent aux gagnants ce que les perdants ont dépensé. En 1931 est créé le PMU, qui enregistre les enjeux pris à l'extérieur des hippodromes. Les premiers paris sont simples : il faut trouver le premier d'une course ou les deux premiers (« pari couplé »). Le 22 janvier 1954 se tient à Enghien le premier tiercé. L'idée en est venue au patron du PMU, André Carrus, qui a appris qu'un jeune employé de quincaillerie, un certain Guy Lux, organisait avec succès des paris amateurs, pendant le Tour de France, sur l'arrivée des trois premiers de chaque étape, dans l'ordre et dans le désordre. La légende veut que ce soit l'employée de maison italienne des Carrus qui ait trouvé, avec son accent, le nom de ce nouveau pari hippique : « la tiercé », rapidement repassé au masculin !

Restaurant

Le terme « restaurant », si répandu aujourd'hui pour désigner un établissement où l'on sert des repas, vient d'un certain M. Boulanger, marchand de bouillon rue des Poulies à Paris vers 1765, qui annonce qu'il sert des « restaurants divins » pour désigner ses soupes roboratives. À partir de là, on va donc appeler « restaurants » les établissements comme le sien et « restaurateurs » ceux qui les tiennent. Par une ordonnance de 1786, on distingue les traiteurs qui, seuls, sont habilités à préparer et vendre des ragoûts de viande, et les restaurateurs qui, outre les bouillons, donnent des œufs, des légumes, du fromage et des compotes et confitures. Le restaurant qui sert à l'assiette marque l'évolution des usages du XVIIIe siècle : même dans l'aristocratie, on abandonne progressivement le service « à la française », où tous les plats sont posés sur la table et où chacun se sert, pour le service « à la russe » avec succession de services et plats servis individuellement.

Échographie

Dans la mythologie grecque, la nymphe Écho personnifiait le phénomène par lequel un son est renvoyé à son point d'origine, notamment dans des gouffres ou des cavernes. L'échographie est un examen qui reprend ce principe en envoyant des ultrasons, qui reviennent automatiquement quand ils rencontrent un obstacle. C'est en 1917 que Paul Langevin met au point, théoriquement, l'appareil à ultrasons, qui connaîtra aussi comme développement le sonar. L'application médicale de la technique n'est trouvée qu'en 1951 par le docteur J. J. Wild et l'électronicien J. Reid. On peut ainsi observer l'intérieur du corps humain. Son utilisation en obstétrique pour observer le fœtus n'interviendra que dans les années 1970.

Skateboard

Une légende s'est forgée : la planche à roulettes aurait été inventée dans les années 1950 par des surfeurs californiens en mal de vagues. Ne pouvant se résoudre à abandonner la glisse quand l'océan était trop plat, ils auraient eu l'idée de fixer des roues de patins à roulettes à une petite planche de bois. Mais un nom s'est imposé, celui de Larry Stevenson, Californien lui aussi, qui améliore considérablement le dispositif et dépose en 1969 un brevet pour une planche transformée : il change le design et relève l'arrière en créant le « kicktail », qui permet de relever le skate et de faire des figures. Le vrai skateboard est né. Il ne reste plus qu'à lui adjoindre des roulettes en uréthane : c'est ce que réalisent en 1972 Frank Nasworthy et son entreprise Cadillac Wheels.

Fer à repasser

Jusqu'au XVe siècle en Occident, pour défroisser un tissu, on l'empesait avec une sorte de gomme et on passait à froid un lissoir en bois, en verre ou en marbre. Au siècle suivant, on commence à utiliser des « fers à jeter » (au feu) qu'on chauffe avant de les passer sur le linge, ou des « fers à braise » creux qu'on remplit de charbon chaud ou d'un morceau de fer chauffé à blanc. L'invention du fer électrique est due à un Américain, Henry W. Seely, qui en dépose le brevet en 1882. En France, c'est la société Calor fondée par Léo Trouilhet qui commercialise le premier fer électrique européen, en 1917. Le thermostat apparaît dans les années 1920, et le fer à vapeur dans les années 1960. Les anciens fers à repasser sont très recherchés en décoration, comme presse-papier ou serre-livres.

Cognac

Depuis les temps gallo-romains, la région de Cognac et de Saintes est une terre viticole. À partir du Moyen Âge, elle multiplie les échanges commerciaux, notamment avec tout le Nord de l'Europe. Mais le vin se conserve difficilement dans les transports et on commence à en distiller. On estime qu'ensuite, en coupant d'eau le brandy obtenu, on retrouvera à peu près l'équivalent du vin ! Mais la grande nouveauté avec le cognac, c'est la double distillation, perfectionnée vers 1600 par le chevalier de La Croix Marron, seigneur de Segonzac. Selon la légende, ce chevalier fit un jour un cauchemar : Satan était en train de le faire bouillir pour recueillir son âme, et comme sa piété très profonde le protégeait, le Malin fut obligé de le faire bouillir une seconde fois ! Au réveil, le chevalier eut l'idée de la double distillation pour obtenir la quintessence du cognac… À partir de 1625 environ, presque tous les vins blancs de la région vont passer dans les alambics.

Chemin de fer

Dans les mines, on a vu dès le Moyen Âge l'intérêt d'installer des rails au sol et d'y faire glisser des wagons tirés par des chevaux ou des hommes. Avec le développement de la métallurgie, les voies ferrées se sont imposées, et l'apparition de la machine à vapeur a révolutionné les moyens de traction. En 1804 on construit dans les fonderies de Pen-y-Darren (pays de Galles), sous les instructions de l'ingénieur Richard Trevithick, la première locomotive à vapeur, avec sa chaudière montée sur un chariot. Les démonstrations publiques se succèdent dans les années qui suivent, notamment avec un autre modèle du même inventeur, la *Catch Me Who Can* (« M'attrape qui peut »), qui accueille des passagers. La première ligne de chemin de fer pour le transport des voyageurs relie Stockton-on-Tees à Darlington, en Angleterre, sur quarante kilomètres. Il n'y a aucun horaire fixe. En France, la première ligne Saint-Étienne – Andrézieux, de vingt et un kilomètres de long, est terminée en juillet 1827 et est utilisée pour le transport du charbon.

Machine à coudre

Quelques esprits ingénieux ont déposé des brevets au cours du XVIIIe siècle, mais la première machine à coudre en état de marche est l'invention de Barthélemy Thimonnier (1793-1857), tailleur à Amplepuis, près de Saint-Étienne. C'est une machine en bois qui ne coud qu'au point de chaînette. Il la présente à la Foire de Paris en mai-juin 1830 pour trouver des investisseurs. Un atelier qui confectionne des uniformes militaires lui achète quatre-vingts machines, mais les ouvriers voient en elles des concurrentes, se révoltent et les détruisent. Thimonnier, malgré de nouveaux brevets déposés, ne parviendra jamais à vivre de cette invention et finira dans la misère. C'est l'Américain Isaac Merrit Singer qui lancera la première machine à coudre à usage domestique en 1851.

Chasse d'eau

Pendant que le reste du monde faisait de son mieux avec les moyens du bord (!), la Chine commercialisait déjà à la fin du XIVe siècle des milliers de feuilles de papier toilette aromatisé pour la cour impériale. Cependant l'Occident, et l'Angleterre en particulier, peut s'enorgueillir d'avoir inventé la chasse d'eau et le robinet à flotteur ! Le poète paillard John Harington, assez farfelu et néanmoins filleul de la reine Élisabeth Ire, mit au point vers 1595 le premier système d'évacuation des eaux usées avec une bonbonne installée sur le toit et un tuyau arrivant au niveau des toilettes. Il le baptisa « Ajax », selon un jeu de mots avec l'argot *a jakes*, signifiant « les toilettes ». En 1778, l'ingénieux Joseph Bramah, son compatriote, inventa le siphon à eau que nous connaissons aujourd'hui et qui nous isole des remugles des égouts. Quant au robinet à flotteur qui empêche (théoriquement) les fuites du réservoir dans la cuvette, on le doit à Thomas Crapper, vers 1880.

Bistouri et scalpel

Si le nom du bistouri (qui rime avec bigoudi) a des consonances rassurantes, il n'en est pas de même du scalpel, qu'on imagine déjà en train de prélever le cuir chevelu d'un malheureux encore vivant ! Et pourtant il faut plutôt redouter le premier des deux, surtout à l'époque où ils ont été inventés, quand l'anesthésie n'existait pas ! C'est en 1564 que le mot « bistouri » apparaît pour la première fois, dans un ouvrage technique d'Ambroise Paré (1510-1590). Il évoque très exactement « la bistorie », instrument appelé aussi « lancette », destiné à pratiquer des incisions chirurgicales. Le mot est apparenté au nom de la ville italienne de Pistoia, réputée pour ses poignards. Le scalpel (du latin *scalpellum*, outil tranchant), lui, ne sert qu'à la dissection des cadavres et ne cause donc aucune douleur… Rien à voir avec le redoutable scalp, pratiqué par les Amérindiens, qui tire son nom du vieil anglais, d'un mot qui désignait à l'origine le dessus de la tête.

Margarine

On le sait, rien ne stimule davantage l'inventivité que les compétitions ! En 1869, Napoléon III lance un concours : il s'agit de trouver un « corps gras semblable au beurre, mais de prix inférieur, apte à se conserver longtemps sans s'altérer en gardant sa valeur nutritive ». Il vise l'approvisionnement de la Marine. Le gagnant est le pharmacien Hippolyte Mège-Mouriès avec son mélange de lait, d'eau et de graisse de bœuf. Le brevet est déposé en 1872, sous le nom de « margarine ». En grec, *margaron* signifie « blanc de perle ». Par la suite, la graisse de bœuf sera remplacée par des huiles végétales. Le brevet sera racheté en 1878 par des Hollandais qui créeront la société Margarine Unie, ancêtre d'Unilever.

Expresso

Qu'aurait dit Balzac, grand amateur de café simplement concassé et laissé à infuser des heures dans l'eau froide, d'un « petit noir », un expresso, pris sur le zinc ?
La machine à café sous pression produit tout le contraire du breuvage balzacien : le café, moulu très finement et comprimé, se trouve percuté par de la vapeur d'eau bouillante durant un temps très court. Le procédé a été inventé par le Français Louis Bernard Rabaut en 1822 et les premières machines ont été commercialisées à la fin du XIXe siècle. Mais c'est le *barista* milanais Achille Gaggia qui a inventé le système sans vapeur, quasi instantané (quinze secondes pour un *espresso* !), dont il a déposé le brevet en 1938 et qui triomphe depuis dans les bars. Le principe du piston lui aurait été inspiré par l'observation du moteur d'une Jeep de l'armée américaine !

Synthétiseur

Composer de la musique aujourd'hui passe le plus souvent par des instruments électroniques ou des ordinateurs et on pourrait presque avancer que tout a commencé avec le synthétiseur, souvent abrégé en « synthé ». Dès la fin du XIXe siècle, les travaux sur le son et ses fréquences ont permis de créer les ancêtres du synthétiseur comme le telharmonium (1896), le thérémine (1919) ou le Trautonium (1930), qui permettent de produire un son de n'importe quelle fréquence avec ses harmoniques. Le dernier a eu une certaine longévité. En 1952, il a servi à composer la musique des *Oiseaux* d'Hitchcock. Mais le premier synthé compact, dans une valise avec clavier détachable, est produit en 1971 par la société ARP. Il composera la voix de R2-D2 dans *Star Wars.* La même année sort le Minimoog, best-seller de l'époque.

Marcel et maillot de corps

Dans les années 1860, un fort des Halles eut l'idée de couper les manches de son pull-over : le débardeur était né ! Marcel Eisenberg s'empara de l'idée et produisit en masse ce modèle en coton dans sa bonneterie roannaise : voilà comment le débardeur se retrouva baptisé « marcel ». Mais son évolution ne s'arrête pas là. Chacun connaît aussi le maillot de corps en mailles ajourées de la même forme que portaient nos grands-pères. On raconte que ce sous-vêtement a été inventé par le général Henrik Brun, qui dirigeait l'armée norvégienne en 1933. Il aurait utilisé un filet de pêche au hareng pour en confectionner les premiers modèles. L'air emprisonné dans la maille constituait un excellent isolant contre le grand froid. La société norvégienne Brynje s'est mise à le produire pour l'armée et le roi de Norvège lui-même, Haakon VII, l'a aussitôt adopté. Madonna, Snoop Dogg ou Pete Doherty l'arborent aujourd'hui fièrement.
En connaissent-ils l'origine ?

Champagne

Dans la région champenoise, la culture de la vigne a été apportée par les Romains vers le IVe ou le Ve siècle. Mais jusqu'au XVIe siècle, le vin de Champagne était ce qu'on appelle un « vin tranquille », non pétillant. C'est, selon la légende, dom Pérignon (1639-1715) qui, dans l'abbaye Saint-Pierre de Hautvillers, non loin d'Épernay, aurait découvert en 1714 la « méthode champenoise » et fait pour la première fois mousser le champagne. Ébloui par sa propre découverte, il aurait interpellé ses compagnons en s'exclamant : « Ah ! Accourez mes frères ! Je vois des étoiles ! » En tout cas, s'il n'en est pas le seul inventeur, ce bon moine a joué un rôle décisif dans les progrès de la vinification du champagne. Cette effervescence, en réalité, est naturelle. En effet, la fermentation du vin, tant qu'elle n'est pas terminée, produit un dégagement de gaz carbonique selon le sucre et les levures contenus dans le liquide, et la température à laquelle il est entreposé.

Gaz d'éclairage

Durant des siècles, les villes ont été plongées dans l'obscurité la nuit. Flambeaux, chandelles et lanternes à huile ne pouvaient éclairer suffisamment. C'est vers 1790 que Philippe Lebon, en visite chez son père malade, découvre le gaz de bois en exposant un flacon rempli de sciure de bois aux braises de la cheminée. Il se consacre alors au développement de cette découverte pour le chauffage et l'éclairage. Il dépose le brevet de sa « thermolampe » en 1799. De son côté, William Murdoch invente le gaz de houille en Angleterre dans les mêmes années et fait éclairer une usine en Cornouailles avec son procédé vers 1805-1807. À partir de 1812, l'essor du gaz de houille comme gaz de ville et d'éclairage est considérable. La rue de la Paix bénéficie en 1829 des premiers becs de gaz parisiens.

Radiophonie

La radiophonie est l'héritière de nombreux travaux sur la radioélectricité et sur les ondes électromagnétiques, qui ont abouti en 1895 à la première transmission par radio ou TSF, réalisée par Guglielmo Marconi (prix Nobel en 1909). En France, la première démonstration de « télégraphie sans fil » est réalisée le 5 novembre 1898 par Eugène Ducretet, entre la tour Eiffel et le Panthéon. En 1906, Lee De Forest invente une lampe à vide à trois électrodes permettant de restituer les oscillations de la haute fréquence. La TSF sera développée rapidement à des fins militaires pendant le conflit de 1914-1918. La première station de radio émet à Pittsburgh à partir de 1920. En France se développent des radios d'État et des radios privées comme Radiola. La première émission est retransmise le 24 décembre 1921 par Radio Tour Eiffel. Le premier journal parlé (6 janvier 1923) et le premier reportage sportif en direct (un match de boxe, le 6 octobre 1923) sont diffusés par Radiola.

Rubik's Cube

En 1974, Ernő Rubik (né en 1944), architecte et designer hongrois, s'intéresse aux mouvements dans l'espace et focalise sa réflexion sur les formes cubiques. À l'époque il enseigne le design et cherche un objet pédagogique pour aider ses étudiants à visualiser des objets dans l'espace. Comme il a étudié la sculpture à l'université, il commence par sculpter un prototype en bois composé de vingt-six cubes et d'un centre, avec des possibilités de rotation par couches de neuf cubes. Et pour mieux visualiser les mouvements, il décide de coller des pastilles sur chaque face visible. C'est ainsi qu'en manipulant son prototype, il mélange toutes les couleurs et finit par se demander : mais comment revenir à la figure initiale ? Le plus fameux casse-tête moderne est né ! Sa commercialisation, à partir de 1979, ne s'est jamais arrêtée, jusqu'à dépasser les trois cent cinquante millions d'exemplaires. Le premier concours de vitesse (*speedcubing*) a été organisé en 1982 à Budapest.

Moteur hors-bord

Dès les années 1880, on trouve quelques pionniers qui déposent des brevets, mais l'ancêtre du moteur hors-bord est la Motogodille, inventée par le baron Gabriel Trouche en 1904. Dès lors, n'importe quelle petite embarcation peut devenir en un instant un bateau à moteur. Sa simplicité de mise en œuvre va faire son succès et sa production est très vite importante. Des concurrents voient le jour à peu près en même temps aux États-Unis, avec par exemple un Portomotor dont le brevet date de 1905. L'ingénieur norvégien émigré aux États-Unis Ole Evinrude en fabriquera aussi en très grand nombre dans les années 1930. Le nom de « hors-bord » s'imposera dans les années 1960, autant pour le type de moteurs que pour l'embarcation qui l'utilise.

Langue des signes

Pendant des siècles on a rejeté les sourds-muets de naissance, les croyant affectés d'un retard mental. Le premier entendant à s'être penché sur la question est l'abbé Charles-Michel de L'Épée, vers 1760. Observant des jumelles sourdes qui communiquent par gestes, il découvre le principe de la langue des signes et décide d'ouvrir une école qui pourra instruire un petit groupe d'enfants affectés par ce handicap et ainsi battre en brèche les préjugés à leur égard. Capable d'apprendre la manière dont ils communiquent entre eux, il parvient ensuite à canaliser et organiser cette forme particulière de langage. Il ira en faire la démonstration devant la Cour et obtiendra les soutiens nécessaires pour ouvrir une véritable école, le futur Institut national de jeunes sourds.

Serrure

Qui dit serrure, dit clé. La plus ancienne découverte à ce jour est égyptienne et date d'environ 3000 av. J.-C. On en a découvert aussi à Pompéi. À partir du XIIe siècle, la serrurerie devient presque un art en France, avec une distinction faite entre la corporation des serruriers en fer et celle des serruriers en cuivre. En 1292, il y a à Paris vingt-sept maîtres serruriers, mais leur nombre atteindra trois cent cinquante à la fin du XVIIIe siècle. Quitte à décevoir quelques lecteurs, nous ajouterons que les ceintures de chasteté du temps des croisades n'ont en réalité jamais existé et font partie des légendes. Pas besoin de fausses clés pour ouvrir ces importunes serrures. En revanche, on se souviendra que Louis XVI s'adonnait à cet art minutieux comme délassement et hobby.

Yaourt

Dès les débuts de l'élevage, les pâtres ont constaté que le lait avait tendance à cailler, soit de lui-même, soit au contact d'enzymes ou de bactéries, par exemple quand il était conservé dans des outres faites avec des estomacs de vache ou de chèvre. De manière artisanale, on a ainsi appris à consommer le lait sous forme de boisson fermentée et de fromage. La première apparition en France du yaourt (déformation du turc *yoğurt*) date de 1542, quand un médecin de Soliman le Magnifique traite avec ce breuvage une douleur à l'estomac de François Ier. Mais l'homme de l'art refuse de donner sa recette. L'arrivée du yaourt industriel doit beaucoup à Stamen Grigorov qui, en 1905, découvre la bactérie qui transforme le lactose en acide lactique, puis à Élie Metchnikoff (prix Nobel 1908), vice-directeur de l'Institut Pasteur, qui soutient en 1912 l'initiative d'un Arménien d'Istanbul : ce dernier ouvre à Paris le premier restaurant où on vend des yaourts.

Scrabble

Comme le Monopoly, le Scrabble est lié à la crise de 1929. En effet, son concepteur, l'architecte Alfred Mosher Butts, commence à réfléchir à un nouveau jeu de lettres quand il se retrouve au chômage, mais il va lui falloir sept années pour arriver au jeu que nous connaissons. En particulier, il va calculer comment répartir les lettres sur les cent jetons du jeu : pour ce faire, il utilise une page du *New York Times* et repère leur fréquence d'apparition. Il repense aussi plusieurs fois le plateau de jeu. En 1938, le jeu est finalisé. Butts cède ses droits à James Brunot contre une redevance et la marque est déposée en 1948. Le jeu se répand en Grande-Bretagne, puis la version française apparaît en 1955. Son essor est considérable et la marque est rachetée plusieurs fois. Pour éliminer le facteur chance, on imagine des tournois en duplicate à partir d'un tirage commun à tous les participants et les premiers championnats peuvent être organisés dans les années 1970.

Franc

La première apparition du franc comme monnaie remonte au paiement de la rançon du roi Jean II, dit aussi Jean le Bon, capturé par les Anglais. Ces derniers exigent le paiement de quatre millions d'écus pour le libérer. On frappe alors une nouvelle monnaie, pesant 3,877 g d'or fin et représentant le roi sur son destrier, qu'on appellera un peu plus tard le « franc à cheval ». Allusion à la France ? ou bien, plus subtilement, à l'affranchissement du roi ? Sans doute un peu des deux. Nous sommes à la fin de l'année 1360. Louis III réformera la monnaie en 1640 et donnera son prénom à la nouvelle unité : le louis d'or. Le franc reviendra à l'issue de la Révolution, en 1795. La dénomination des monnaies est toujours liée à des actes politiques.

Vaccination et inoculation

« Inoculation » est le premier mot qu'on a utilisé quand, au XVIIIe siècle, on a imaginé mettre un sujet sain en contact avec une souche faiblement active de la variole pour déclencher en lui une production d'anticorps qui l'immuniserait. Toute une bataille de médecins et de philosophes se déclare alors au sujet de cette pratique. En France, Louis XVI donne l'exemple et se fait inoculer avec la famille royale en juin 1774. Il faut dire qu'une soixantaine d'années plus tôt, la descendance de Louis XIV a été décimée par la variole, une maladie terrible. Le terme « vaccination » va apparaître plus tard, quand on utilisera comme support des souches de vaccine, la variole des vaches, pour protéger contre la forme humaine de la maladie. Napoléon fera vacciner ses troupes en 1805. Le principe sera généralisé par Pasteur pour lutter contre d'autres fléaux, en particulier, comme chacun le sait, la rage.

Ski

Si marcher sur l'eau relève du miracle, se déplacer sur la neige n'est pas non plus très facile. On trouve des ancêtres des skis aussi bien en Chine (environ 8000 av. J.-C.) qu'en Russie (environ 6300 av. J.-C.). C'est surtout en Scandinavie que les techniques se sont développées, aussi bien pour descendre des pentes que pour progresser sur terrain plat. Les Norvégiens organisaient déjà des courses au XIe siècle. Ce sont eux aussi les inventeurs du ski moderne. Le mot « ski » est d'ailleurs emprunté au vieux norvégien *skidh*, qui signifie « raquette pour la neige ». Les explorateurs Fridtjof Nansen et Roald Amundsen font connaître au monde entier ce mode de déplacement et en 1886 s'ouvre à Oslo la première usine de fabrication de skis. Les recherches technologiques portent sur les matériaux et surtout sur les systèmes de fixation. En France, les pionniers comme Henry Duhamel s'entraînent à la fin du XIXe siècle dans les Alpes. Mais ce n'est qu'à partir des années 1920-1930 qu'on voit se développer la pratique du ski alpin.

Thermomètre

Dans l'Antiquité, on était déjà capable de mettre en évidence des différences de température avec un instrument qu'on appelle thermoscope, mais on ne pouvait pas la mesurer. Le premier thermomètre est l'œuvre de Galilée et de son ami le médecin vénitien Sanctorius, en 1597. Ils ont l'idée de mettre des graduations sur un tube dans lequel le niveau d'eau varie selon le volume d'une quantité d'air soumise à la chaleur. Mais on ignore encore l'influence de la pression atmosphérique, qui n'est mise en évidence par Torricelli qu'en 1644. On remplace l'eau dans le tube par de l'alcool, puis enfin, en 1717, Daniel Gabriel Fahrenheit utilise du mercure et donne au thermomètre sa forme moderne. L'étalonnage de cent degrés pour la congélation de l'eau et zéro degré pour son ébullition, à l'inverse de ce que nous utilisons, est l'idée du Suédois Anders Celsius. Après sa mort en 1744, on choisit l'ordre inverse.

Airbag

Si en 1952, John W. Hetrick n'avait pas eu à freiner brusquement en voiture, avec sa femme et sa fille à ses côtés, pour éviter un obstacle inattendu, il n'aurait peut-être pas cherché comment sécuriser les passagers d'une automobile en cas de choc. Durant la guerre, il avait vu comment, à l'aide d'air comprimé, la toile d'une torpille pouvait être gonflée en un instant. Il sut s'en souvenir et déposa un brevet en 1953. Mais à l'époque les constructeurs ne se souciaient pas autant de la sécurité et il fallut attendre quelques décennies (jusqu'aux années 1990) pour voir l'airbag proposé d'abord en option, puis en série dans les véhicules. Aujourd'hui, l'innovation est tellement entrée dans notre quotidien que le mot est devenu une métaphore, assez affectueuse, pour évoquer les rotondités d'une femme à la gorge généreuse.

Bracelet-montre

On n'imagine pas Platon transportant avec lui une clepsydre pour ne pas arriver en retard à ses rendez-vous. Ni même Guillaume Tell son coucou suisse ! Il a fallu que les instruments de mesure du temps se miniaturisent pour qu'on puisse inventer un moyen commode d'avoir toujours l'heure sur soi. La première montre de poche est fabriquée à Nuremberg entre 1504 et 1508 par Peter Henlein. Symbole de prestance masculine et de réussite sociale, la montre à gousset domine jusqu'à la fin du XIXe siècle. Les premières montres-bracelets sont conçues comme des bijoux féminins. Ce n'est qu'au début du XXe siècle que des firmes comme Omega se lancent dans la production pour hommes. Breitling conçoit un chronographe-bracelet. La première guerre mondiale achève de populariser cet accessoire devenu indispensable.

Cinéma

Les noms des ancêtres du cinématographe sont plus cocasses les uns que les autres : zoopraxiscope, kinétographe, kinétoscope. Il faut distinguer l'invention de la prise de vues et celle de la projection. Le premier essai se fait en 1876 : Eadweard James Muybridge déclenche une série d'appareils photo disposés en batterie durant la course d'un cheval. Le mouvement décomposé peut ensuite être recomposé en enchaînant les clichés. Mais c'est Edison qui, en 1891, fabrique la première caméra dont on peut voir le film dans une petite boîte. Léon Bouly invente le cinématographe avec projection possible en 1892 et les frères Lumière en déposent le brevet trois ans plus tard. C'est le 28 décembre 1895, dans le salon indien du Grand Café du boulevard des Capucines à Paris, qu'a lieu la première projection publique payante. Cette première séance de cinéma permet de voir une dizaine de films de cinquante secondes chacun, comme *L'Arroseur arrosé* ou *La Sortie de l'usine Lumière à Lyon*.

Espéranto

Depuis la tour de Babel, les hommes sont confrontés à la confusion des langues qui empêche de se comprendre directement si on ne partage pas la même culture. Au XIXe siècle, on imagine de créer un langage universel que chacun pourrait apprendre et qui permettrait de parler tout de suite avec un étranger. En 1878, à dix-neuf ans, le jeune Ludwik Lejzer Zamenhof commence ses travaux sur le sujet. Ils aboutissent en 1887 à un livre qui présente ses propositions, signé du pseudonyme de « Docteur Espéranto ». Ce premier manuel est expliqué en russe. Hélas, même si l'idée a séduit à travers tous les continents plus d'un million de personnes, le nombre de pratiquants n'est pas suffisant pour résoudre le problème posé. Les chercheurs travaillent plutôt aujourd'hui sur des traducteurs numériques qui pourraient être utilisés en simultané pendant une conversation, chacun parlant dans sa langue et entendant dans une oreillette la traduction des propos de son interlocuteur.

Stéthoscope

Le premier stéthoscope au monde est exposé à la faculté de pharmacie de Nantes, où a longtemps vécu son inventeur, le médecin René Laennec (1781-1826). Au lieu de poser l'oreille sur le corps du malade pour écouter sa respiration et son cœur, comme on le faisait depuis l'Antiquité, se trouvant en présence d'une patiente à forte poitrine et par un réflexe de pudeur, il eut l'idée d'utiliser, le 17 février 1816, un cornet de papier, le « pectoriloque ». Il perfectionna par la suite son idée en créant un instrument en buis et permit ainsi un nouveau mode d'auscultation. Depuis, avec un tuyau flexible et deux écouteurs, et même un microphone, l'appareil est devenu le symbole même du médecin dans l'exercice quotidien de sa profession.

Ascenseur

On ne se soucie des ascenseurs que lorsqu'ils tombent en panne et c'est le cas pour le plus célèbre d'entre eux, celui qui mène Maurice Ronet à sa perte dans *Ascenseur pour l'échafaud* (1958), de Louis Malle. Dès l'Antiquité, les hommes se sont servi de poulies pour monter des charges sur un plan vertical, en utilisant la force animale ou humaine pour les actionner. Mais au XIXe siècle, on se préoccupe d'utiliser la vapeur récemment découverte, de transporter des usagers au lieu de marchandises et de prévoir des systèmes de sécurité en cas de rupture de câbles. C'est Elisha Otis (1811-1861) qui conçoit le premier modèle et en fait la démonstration spectaculaire en 1854 au Crystal Palace de New York, avec un puits d'ascenseur ouvert sur le côté pour qu'on puisse suivre la progression. Il fait sectionner le câble d'un coup de hache par un des assistants et un système de ressorts se déclenche pour éviter la catastrophe. On doit à Werner von Siemens le premier ascenseur électrique (1889).

Polo

Le polo est un sport originaire des steppes d'Asie centrale, vieux de deux mille ans. Il s'est répandu le long de la route de la soie. Darius, roi de Perse (522-486 av. J-C.), s'adonnait au « chaugan » (son nom perse, qui signifie « maillet ») et en faisait le mode d'entraînement de ses troupes d'élite. C'est une activité noble pour laquelle on revêt une tenue d'apparat. Les Britanniques découvrent ce sport en 1859, lors de la colonisation des Indes, précisément à Silchar, dans l'Assam, où le jeu s'appelle « spo-lo ». Ce divertissement se répand alors dans tous les régiments britanniques et à la fin du XIXe siècle, on compte plus de cent soixante-quinze polo-clubs dans toute l'Inde. En Angleterre, la première partie de polo se déroule en 1869 à Hounslow Heath (Middlesex), entre le 10e hussards et le 9e lanciers. En France, c'est le comte de Guiche qui introduit le sport en organisant en 1880 à Dieppe un match franco-britannique qui verra l'humiliation des Français par onze à zéro.

Lentilles de contact

Les idées de génie mettent parfois des siècles avant d'être mises en pratique. Le bon Léonard de Vinci, au début du XVIe siècle, avait ainsi imaginé remplacer la cornée par une autre texture plus ou moins liquide. Mais c'est seulement en 1888 que l'ophtalmologiste allemand Adolf Gaston Eugen Fick (1852-1937) met au point des lentilles de contact pour des lapins, puis pour lui-même, avant de faire appel à des bénévoles ! Elles sont en verre soufflé, très lourdes et on ne peut les porter que quelques heures. Dans les années 1940-1950, les recherches se poursuivent pour utiliser le plastique, mais la révolution apparaît en 1971 avec les lentilles souples de Bausch et Lomb. Il y a aujourd'hui plus de cent millions de porteurs de lentilles de contact dans le monde.

Ordinateur personnel

La révolution du quotidien n'a pas été apportée par l'invention du premier gros ordinateur, qui occupait une pièce entière ; elle est venue du concept d'ordinateur personnel, *personal computer*, autrement dit du PC. En effet, dans les bureaux, les services informatiques se sont déconcentrés et pour les loisirs, la petite bureautique et les études, l'arrivée des PC dans les foyers a tout changé. L'avancée technologique qui a entraîné ce changement de dimension est la diffusion des microprocesseurs, mis au point par Intel, qui ont permis la miniaturisation. Le premier micro-ordinateur, baptisé « Micral », est développé en 1972 dans un bureau d'études, R2E, sur une commande de l'INRA. François Gernelle en est l'inventeur : il y travaillera pendant plus de trois mois, dix-huit heures par jour, dans une cave à Châtenay-Malabry.

Électricité

Pour l'électricité, il faut distinguer plusieurs phénomènes. L'électricité statique est connue depuis l'Antiquité et Thalès décrit le phénomène dès 600 av. J.-C. : en frottant de l'ambre, on constate qu'il attire de fines plumes ou des brins de paille. Or l'ambre s'appelle *elektron* en grec. Donc quand William Gilbert (1544-1603), médecin de la reine Élisabeth Iʳᵉ d'Angleterre, reprend des expériences dans ce domaine, il donne le nom d'*electrica* à toutes les matières qui, comme l'ambre, peuvent se charger en électricité statique. En 1670, à Magdebourg, Otto von Guericke produit avec une machine les premiers arcs électriques artificiels. On s'extasie devant les « hémisphères de Magdebourg ». Mais c'est Benjamin Franklin qui met en évidence l'électricité présente dans les nuages et invente le paratonnerre.

Bière

Nos ancêtres les Gaulois, tout le monde le sait, buvaient de la cervoise, l'ancêtre de la bière, par opposition aux envahisseurs romains adeptes du vin. Même si cette constatation relève un peu de la légende, puisque les Égyptiens, les Grecs et les Romains connaissaient aussi le « vin d'orge », il n'empêche que la consommation majoritaire de ces deux breuvages, bière et vin, marque la ligne de démarcation en Europe entre les pays du Nord et ceux du Sud. Personne ne pourrait dire qui a laissé le premier une décoction de céréales fermenter au soleil ! Mais les Gaulois, avec leurs tonneaux, ont grandement amélioré le contrôle de la fermentation et le stockage de la boisson pétillante. C'est au XIIe siècle que le houblon fait son entrée dans sa composition. Dans les abbayes, les religieux deviennent les maîtres de cet assemblage subtil. En France, les premiers maîtres brasseurs sont reconnus officiellement en 1489. Notons que les travaux de Pasteur en permettront une meilleure conservation.

Radioactivité

La découverte de la radioactivité résulte de l'enchaînement de plusieurs expériences. En 1895, Wilhelm Röntgen met en évidence les rayons X, qui peuvent traverser une feuille de papier opaque. Cette expérience attire l'attention d'Henri Becquerel, qui travaille sur la fluorescence. Il réalise des essais avec des cristaux de sel phosphorescent d'uranium qu'il pose sur des plaques photographiques, le tout enveloppé dans du papier noir et mis au soleil. Il constate l'impression des plaques et croit à l'action du soleil, mais le lendemain, le temps est couvert et le même phénomène se produit. Il comprend dès lors que c'est l'uranium qui émet des radiations, sans agents extérieurs. Et il découvre ensuite qu'il ne s'agit pas de rayons X. Ce sont Pierre et Marie Curie qui vont poursuivre ses travaux sur les substances qu'ils appellent « radioactives ». Ils se partageront tous trois le prix Nobel en 1903. L'unité physique de la radioactivité, le becquerel (Bq), sera nommée d'après ce savant.

Stylo à bille

C'est en regardant des enfants jouer aux billes dans une flaque d'eau et en constatant que la bille laisse derrière elle une fine trace d'eau que le journaliste hongrois László Bíró, réfugié en Argentine, a l'idée du mécanisme du stylo à bille. Aidé de son frère György qui est chimiste, il met au point l'encre, la bille et le dispositif d'alimentation, et dépose un brevet en 1938. Il est fêté en Argentine comme un grand inventeur. Mais celui qui va laisser durablement son empreinte, c'est le baron Marcel Bich, qui veut démocratiser cette invention. Il négocie le brevet avec Bíró et travaille sur l'adéquation parfaite entre le tube et la bille. En 1950, il lance le Bic Cristal, qui fera la conquête du monde.

Télévision

Les travaux de plusieurs chercheurs ont bien entendu été nécessaires, mais celui qu'on peut considérer comme le père de la télévision est l'Écossais John Logie Baird. Le 26 janvier 1926, il fait passer à plusieurs mètres de distance une petite image animée, de trente lignes seulement, en noir et blanc. La séance a lieu dans son laboratoire de Londres. Ce n'est qu'à partir de 1928 qu'on commercialise quelques centaines de postes, en réalité des appareils de radio avec un tout petit écran de quelques centimètres, des *televisors*. C'est le même Baird qui fait les premiers essais de télévision en couleurs à la même époque.

La première démonstration en France, sous l'égide de René Barthélemy, a lieu en 1931. Le premier programme régulier apparaît en 1937, de 20 heures à 20 h 30, et on peut le recevoir dans un rayon de cent kilomètres autour de la tour Eiffel, qui a été dotée d'une antenne émettrice en novembre 1935.

Automobile

Auto-mobile : qui se déplace de manière autonome. L'automobile supplante les calèches. On en garde la trace à travers l'expression « cheval-vapeur ». En 1769, le fardier de Cugnot tente de propulser des canons, mais entre dans un mur dès son premier essai ! En France, en 1873, Bollée met au point *L'Obéissante*, une automobile à vapeur transportant douze personnes à quarante kilomètres-heure. Le moteur à explosion est utilisé au milieu des années 1880 et supplante la machine à vapeur, grâce à Delamare-Deboutteville et Daimler. Si en 1900 la France fabrique cinquante pour cent de la production mondiale, c'est Ford en 1908 qui lance les premières chaînes à Détroit. Seize millions de véhicules sortiront de ses usines entre 1908 et 1927. Dans le *Voyage au bout de la nuit* (1932) de Céline, on explique au héros venu postuler : « Vous n'êtes pas venu ici pour penser, mais pour faire les gestes qu'on vous commandera d'exécuter… » Pour cette invention emblématique du XXe siècle, le revers de la médaille, c'est le triomphe du travail à la chaîne déshumanisé.

Plastique

On ne devrait pas parler du « plastique » au singulier, mais des « matières plastiques », tant elles sont nombreuses et différentes. Dans la nature, il existe des matières plastiques, c'est-à-dire qu'on peut déformer sous l'action d'une force extérieure, comme la glaise, le caoutchouc ou l'écaille. Ce qu'on appelle plutôt le « plastique » dans le langage courant est une matière nouvelle, de synthèse, fabriquée par l'homme. Parmi les plus anciens plastiques, on peut citer le Celluloïd, inventé en 1869 suite à un concours lancé pour remplacer l'ivoire dans la fabrication des boules de billard. Longtemps utilisé dans les pellicules cinématographiques mais très inflammable, il n'est presque plus utilisé aujourd'hui. En 1907 apparaît la première matière plastique industrielle créée à partir d'un polymère : la Bakélite. Le développement de la pétrochimie fera entrer le plastique dans tous les foyers.

Dames

Le jeu de dames dériverait de l'alquerque, jeu espagnol du Moyen Âge qui se pratiquait sur un échiquier et qui offrait déjà la possibilité pour un pion d'être promu. Il est mentionné dès 1283 dans le *Livre des jeux* du roi Alphonse X de Castille. Le jeu de dames dit « à la polonaise » auquel on joue actuellement est né, contrairement à ce qu'indique son nom, à Paris. Il fait son apparition au début du XVIIIe siècle sous la Régence, avec un damier de cent cases et vingt pions de part et d'autre. Il devient à la mode en particulier dans les cafés, surtout au café Manoury, à la fin du siècle. Les vrais spécialistes estiment que le jeu de dames est plus difficile à maîtriser que celui des échecs.

Tramway

Un tramway est un véhicule qui circule sur des rails plats au centre même des villes. Si les premiers sont tractés par des chevaux durant la première moitié du XIXe siècle, par exemple de New York à Harlem, ils vont devenir automobiles : dès 1873, on en trouve à vapeur, comme à Philadelphie, puis à air comprimé ou à eau surchauffée ! On passe ensuite à une alimentation électrique, à Clermont-Ferrand tout d'abord en 1890, puis à partir de 1895 à Paris. Dans les années 1920, c'est le mode de déplacement collectif le plus en vogue. Autobus, métro et voitures individuelles vont le détrôner. Mais par un effet de balancier fréquemment observé, le tramway reprend du service depuis quelques années dans nos villes engorgées par la circulation.

Smartphone et tablette

Même si la terminologie officielle veut imposer « ordiphone » ou « terminal de poche », tout le monde a adopté le terme anglo-saxon *smartphone* pour désigner la nouvelle génération de téléphones portables, des téléphones « intelligents » qui empruntent beaucoup de leurs fonctions aux ordinateurs. Le premier à être construit est un IBM, conçu en 1992 et commercialisé en 1994. La norme GSM (*global system for mobile communications*) en EDGE, 2G, 3G ou 4G permet de faire passer des données de plus en plus considérables. En 2001 apparaissent les premiers écrans tactiles. 2007 voit le lancement de l'iPhone d'Apple, et 2009 le début d'une concurrence féroce avec Samsung. Même s'il y a dans les années 1990-2000 quelques assistants personnels à écran tactile sur lesquels on peut écrire avec un stylet, la première véritable tablette tactile est l'iPad, sortie en 2007, en même temps que l'iPhone et qui en est une sorte de prolongement. Depuis, d'autres marques et systèmes d'exploitation proposent leurs propres tablettes. Leurs ventes ont explosé et dépassent celles des PC.

Pénicilline

Si Pasteur avait pressenti que certains champignons peuvent combattre les microbes, c'est Alexander Fleming qui le premier observe en 1928 l'action de *Penicillium notatum*, sorte de moisissure, contre les staphylocoques. En effet, revenant de vacances, il constate que les préparations de son voisin de paillasse, qui travaille sur des champignons microscopiques, ont envahi ses propres cultures de staphylocoques et les combattent efficacement. Découverte fortuite, mais qu'il met à profit en isolant le produit actif, qu'il nomme « pénicilline ». Cependant il ne parvient pas à le stabiliser. Il faudra encore une bonne dizaine d'années pour qu'une équipe de biologistes d'Oxford reprenne le sujet et progresse. Les premiers essais cliniques sur des humains auront lieu sur des blessés de guerre alliés en 1943. Le prix Nobel de médecine viendra couronner cette découverte en 1945, associant Fleming à Howard Walter Florey et Ernst Boris Chain, qui ont prolongé ses travaux. Les antibiotiques sont nés. On estime que cette découverte a sauvé près de deux cents millions de vies.

Fusil

Les ancêtres du fusil portent des noms pittoresques : couleuvrine à main, arquebuse et mousquet. Le fusil, dont le nom vient d'une déformation populaire du latin *focus*, « feu », est mis au point vers 1630. Il se charge par la bouche et va rester en usage pendant près de deux siècles. La grande innovation sera l'introduction de la culasse au milieu du XIXe siècle. Et le fusil à répétition n'apparaîtra qu'en 1886. L'inventeur du fusil d'assaut qui porte son nom, Mikhaïl Kalachnikov (1919-2013), a depuis septembre 2017 une gigantesque statue à son effigie dans le centre de Moscou. Et pourtant cette arme conçue en 1947 lui vaudra toute sa vie des remords : il expliquera l'avoir créée pour défendre sa patrie, pas pour répandre la mort à travers le monde.

Cravate

À la fin du règne du Roi-Soleil, l'imposant col tombant en dentelle disparaît du costume masculin, au profit du jabot. Le régiment de cavalerie légère croate, appelé « Royal-Cravate » (déformation de « croate »), qui sert alors le roi de France porte autour du cou une simple bande de tissu. La mode s'en empare chez les aristocrates et la cravate fait ainsi fureur à la Cour, mais elle reste alors ornée de dentelle. Au fil des siècles, il ne restera plus qu'à faire varier sa longueur ainsi que la manière de la nouer. Balzac s'en fera le chantre et écrira dans *Pathologie de la vie sociale* : « Une cravate bien mise répand comme un parfum exquis dans toute la toilette ; elle est à la toilette ce que la truffe est à un dîner. » La cravate contemporaine (dite « cravate à sept plis ») a été imaginée en 1892 par Washington Tremlett, grand tailleur parisien de la rue de Rivoli, pour un riche Américain de la Côte d'Azur.

Trottoir

Au XVIIIe siècle, à partir de 1766 et grâce au Paving & Lighting Act, les rues de Londres sont dotées de trottoirs qui mettent les piétons à l'abri des carrosses mais aussi des flots d'ordures – les « ruisseaux » – qui coulent le long des rues. Ce n'est pas le cas pour Paris. Tant qu'il n'y a pas de trottoirs nettement construits de part et d'autre de la chaussée, avec deux caniveaux, mais seulement un pavement, les eaux sales s'écoulent au milieu de la chaussée. Et si on ne veut pas trop se salir, il faut « tenir le haut du pavé », selon l'expression restée dans la langue. Un homme à la fin du siècle réclame des trottoirs à Paris ; c'est Louis-Sébastien Mercier, en 1782, dans son *Tableau de Paris* : « Rien ne doit plus divertir un étranger que de voir un Parisien traverser ou sauter un ruisseau fangeux [...], courir dans de vilaines rues sur la pointe du pied, recevoir le fleuve des gouttières sur un parasol de taffetas. [...] Pourquoi n'avoir pas des trottoirs, comme à Londres ? » Le premier trottoir apparaît à Paris cette année-là, dans la rue de l'Odéon.

Machine à calculer

On peut être un auteur chrétien mystique et un savant de génie. C'est ce que démontre Blaise Pascal (1623-1662). Il a bien entendu acquis ses lettres de noblesse avec ses *Pensées* vives et incisives, son fameux pari, son roseau pensant et autres espaces infinis. Mais il faut aussi mettre en lumière ses talents de mathématicien. Son père, du fait de sa profession de receveur des impôts, avait de nombreux calculs à faire et Blaise mit au point pour lui en 1642 la pascaline, première machine à calculer de l'histoire, s'appuyant sur l'arithmétique, des engrenages et des cliquets pour reporter automatiquement les retenues des opérations. Assez sommaire, elle n'en devient pas moins une référence et une source d'inspiration pour d'autres inventeurs. L'arithmomètre de Thomas de Colmar sera en 1851 la première machine à calculer commercialisée.

Guignol

L'origine du personnage et du théâtre de Guignol est lyonnaise. C'est un canut – ouvrier dans les soieries –, Laurent Mourguet, qui l'a inventé. En effet, au chômage, ne parvenant plus à faire vivre sa famille, il devient arracheur de dents et marchand forain à la toute fin du XVIIIe siècle. Pour attirer les chalands, il utilise une marionnette de Polichinelle. Il se rend vite compte qu'il aura davantage de succès avec ce spectacle qu'avec une paire de tenailles effrayantes ! Il installe son petit théâtre à Lyon vers 1804 et, bien qu'illettré, il abandonne les personnages de la *commedia dell'arte* pour créer son propre univers avec Gnafron et Guignol, le couple comique qui va devenir mythique et incarner l'esprit lyonnais, sans oublier l'incontournable gendarme qu'ils prennent un malin plaisir à berner !

Cédille

Pour les étrangers, la cédille française est encore une difficulté supplémentaire, en plus des différents accents sur les voyelles. Et pourtant le signe et le mot proviennent d'Espagne. Le mot *cedilla* signifie « petit z ». Sa graphie actuelle est issue de l'écriture gothique médiévale. La cédille prévient qu'il faut faire siffler le son du « c », seule lettre en français qui peut porter ce signe. Dans les manuscrits médiévaux, les scribes préféraient souvent ajouter un « e » pour marquer cette prononciation (ils écrivaient par exemple « receut » au lieu de « reçut »). C'est l'imprimeur officiel de François Ier, Geoffroy Tory (vers 1480-1533), qui a développé les caractères typographiques essentiels comme la cédille, le « point crochu » – notre virgule –, l'apostrophe empruntée au grec et les lettres accentuées.

Pizza

On imagine mal ce qu'étaient les pizzas avant l'arrivée de la tomate dans la cuisine européenne : galettes proches des pitas méditerranéennes ? sortes de fougasses ? On ne sait pas trop. En tout cas, l'introduction de la tomate à la fin du XVIIe siècle a entraîné la distinction entre *pizza bianca* (« pizza blanche ») et *pizza rossa* (« pizza rouge »), qui détrône facilement la première. C'est à Naples qu'elle connaît son véritable essor. La recette la plus populaire associe mozzarella, basilic et tomates, dans les trois couleurs du drapeau italien. Lors d'un voyage à Naples en 1889, la reine Marguerite de Savoie demande à goûter ce plat national si populaire. Elle étonne tout le monde par sa simplicité. Et par la suite elle demandera à son cuisinier de lui en préparer au palais. Du coup, cette pizza très simple sera baptisée « pizza Margherita » pour lui rendre hommage. En 2004, le gouvernement italien a inscrit au Journal officiel la recette traditionnelle de la pizza napolitaine.

Boussole

Le pouvoir d'attraction de l'aimant est connu depuis l'Antiquité. Les premières aiguilles aimantées ont été imaginées en Chine, sans qu'on sache exactement à quelle date. On trouve dans les années 1040 des références à un instrument d'orientation sous la forme d'un petit poisson en fer flottant sur un bol d'eau et montrant le sud car, par respect, il ne fallait pas montrer le nord, la Grande Ourse, demeure symbolique de l'empereur. Pour les navigateurs qui se repèrent sur les étoiles la nuit et à la position du soleil le jour, le problème était de s'orienter en cas de temps couvert et nuageux. On a imaginé un dispositif portable, dans une boîte appelée « boussola », composé d'une aiguille aimantée sur un pivot qui la laissait tourner librement. En ajoutant une rose des vents, on a obtenu l'instrument qui est encore utilisé aujourd'hui. On a sans doute créé de toutes pièces le personnage de Flavio Gioia, prétendument inventeur italien de la boussole vers 1300.

Macadam

L'ingénieur écossais John Loudon McAdam (1756-1836) est l'homme d'une seule invention, celle en 1815 d'une technique d'empierrement des chaussées à partir de pierres concassées, ce qui représente un vrai progrès par rapport au pavement utilisé auparavant. Et même cette innovation à laquelle il a donné son nom lui est disputée : en effet, les ingénieurs français Jean-Rodolphe Perronet (1708-1794), fondateur et premier directeur de l'École nationale des ponts et chaussées, et Pierre Marie Jérôme Trésaguet (1717-1796) avaient semble-t-il mis au point avant lui des techniques analogues. Par la suite, on a obtenu une étanchéité de surface grâce au bitume ou au goudron. En anglais, « goudron » se dit *tar*. On a donc nommé ces nouvelles surfaces « tarmacadam », simplifié en « Tarmac ».

Sténographie

La sténographie – qui signifie étymologiquement « écriture resserrée » – est une technique qui permet de prendre des notes très rapidement pour consigner *in extenso* un discours ou une lettre dictée. Dès l'Antiquité, on s'essaie à ce genre d'écriture en utilisant des abréviations. En 602 en Angleterre, John Willis fait paraître un manuel d'écriture abrégée qui sera simplifié par Samuel Taylor en 1786. Cette méthode est adaptée dans différentes langues mais sert de base jusqu'au XIXe siècle. Théodore-Pierre Bertin est celui qui l'importe en France dans son *Système universel et complet de sténographie* (1792). Dans le contexte politique de la Révolution française, il est très important de pouvoir noter les débats des assemblées et des clubs avec exactitude. Par la suite, la connaissance de la « sténo » sera requise pour être secrétaire. Aujourd'hui, avec la reconnaissance vocale et les enregistrements sonores sur dictaphone, elle est tombée en désuétude, même au Palais-Bourbon.

Téléphone

Les recherches se sont portées sur la diffusion de plusieurs messages sur la même ligne de télégraphe, puis sur celle de messages vocaux. On retient comme date du premier coup de téléphone le 10 mars 1876, quand l'Américain Alexander Graham Bell réussit à joindre son assistant qui se trouvait dans une autre pièce et lui dit : « Monsieur Watson, venez ici, j'ai besoin de vous ! » Cependant l'histoire est plus complexe. En effet, le 4 février 1876, quelques heures avant Graham Bell, Elisha Gray déposa à peu près le même brevet que Bell. Le sien aurait donc dû être examiné en premier, ce qui ne fut pas le cas. Mais plus fort encore, l'Italo-Américain Antonio Meucci avait déposé un brevet de « telettrofono » en 1870, n'avait pas eu les moyens de le renouveler et avait présenté des prototypes à un certain Grant, qui les aurait égarés dans le laboratoire de Bell… Le 11 juin 2002, la Chambre des représentants des États-Unis a reconnu le rôle d'Antonio Meucci dans l'invention du téléphone, faisant de lui le héros des Italo-Américains (série *Les Soprano*, saison 1, épisode 8).

Roue

Bien entendu nous ne vous divulguerons pas le nom de l'inventeur de la roue ! Nous ne pouvons même pas vous en dresser le portrait-robot : pour les uns, il habitait vraisemblablement du côté de l'Irak, entre le Tigre et l'Euphrate, vers 3500 av. J.-C. ; pour d'autres, il vivait en Ukraine à peu près à la même époque. Tout simplement, nous pouvons dire que dans ces deux régions du monde, on trouve les plus anciennes représentations d'un chariot muni de roues. La plus ancienne roue conservée date de 3200 av. J.-C. ; elle a été découverte en Slovénie. Les premières roues étaient pleines ; la roue à rayons, plus légère mais aussi solide, est apparue vers 2000 av. J.-C. Quant à la brouette – qui doit tout à l'invention de la roue ! –, elle n'apparaît en Europe qu'au XIIIe siècle et on se demande encore si les Chinois l'ont connue une dizaine de siècles auparavant ou pas…

Symboles mathématiques

C'est un grand progrès pour la commodité des calculs que de pouvoir les noter à l'aide de symboles mathématiques. En effet, jusqu'au XVe siècle environ, on devait noter « j'ajoute » ou « je soustrais » entre deux chiffres pour indiquer une opération. L'arithmétique commerciale a poussé à la simplification pour les livres de comptes et à l'utilisation du + (peut-être une déformation de &) et du –. On voit cette évolution en Allemagne à partir de 1489 et en France sous l'influence du mathématicien François Viète (1540-1603), véritable inventeur de l'algèbre. Le symbole × apparaît en Angleterre vers 1630 et se répand difficilement. Le symbole de la division a fluctué. D'abord représenté par une parenthèse vers 1544, puis par deux points (:) vers 1633, il a ensuite pris la forme ÷ en 1659.

Oncle Sam

Depuis quand appelle-t-on les États-Unis d'Amérique l'« Oncle Sam » ? Cette figure est inventée par la presse dès 1813 pour la dresser face à John Bull, qui personnifie l'Angleterre. Et sa caricature sera dessinée pour la première fois en 1832. Progressivement, ses traits ressembleront de plus en plus à ceux d'Abraham Lincoln. N'oublions pas que sur le matériel détenu par le gouvernement fédéral figurent les initiales « US » (United States) et que celles de l'Oncle Sam en anglais (*Uncle Sam*) sont les mêmes ! L'utilisation la plus célèbre de ce personnage est l'affiche imprimée pour le recrutement durant la première guerre mondiale qui représente Oncle Sam pointant son doigt en direction du lecteur, avec le slogan : « I want you for US Army. » Elle sera encore utilisée au moment de la seconde guerre mondiale.

Slip

La première apparition écrite du mot « slip » en français se trouve dans le journal *L'Illustration* du 20 septembre 1913. Il est emprunté à l'anglais, qui désigne par ce mot tous les vêtements faciles à enfiler, qu'il s'agisse d'un tablier d'enfant ou d'un sous-vêtement de femme (*to slip* signifiant « glisser »). Cette pièce de vêtement ajustée est d'abord l'apanage des sportifs, comme on le voit dans les premiers catalogues. Ce qui distingue le slip du caleçon, c'est qu'il n'a pas de jambes, comme les petits bateaux de la chanson enfantine – ce qui explique le nom d'une des marques de slips les plus anciennes, créée en 1918 à Troyes, capitale de la bonneterie. Les Américains s'y convertiront peu à peu et abandonneront après la seconde guerre mondiale leurs *union suits*, sortes de combinaisons complètes, du cou aux chevilles. Munsingwear invente en 1944 la poche à ouverture extérieure inspirée des marsupiaux qui fait toute l'originalité pratique du slip kangourou.

Colt

Samuel Colt (1814-1862), ingénieur américain, invente le pistolet à barillet qui porte son nom et qui sera aussi la première arme de poing à recevoir celui de « revolver ». Le principe consiste à pouvoir tirer cinq à six coups sans devoir être rechargé, avec un barillet où se logent les balles qui tourne à chaque armement du chien. Samuel Colt commence mal, avec des mécaniciens médiocres qui ne parviennent pas à grand-chose. Puis il gagne sa vie en faisant des démonstrations de gaz hilarant sur les routes, aux États-Unis et au Canada. Finalement, en 1832, il dépose un brevet pour son revolver, qui est commercialisé à partir de 1836. La déclaration d'indépendance en mai 1836 du Texas, jeune république engagée contre les Mexicains, lui permet d'honorer une grosse commande pour la Marine et marque le début de sa fortune. Smith & Wesson viendra le concurrencer. Mais au final, la gloire revient bien à Sam Colt, son patronyme étant devenu un nom commun.

Microprocesseur

Avant le microprocesseur, il y avait… le processeur ! On appelle aussi ce dernier « CPU », sigle de l'anglais *central processing unit*. Avec la mémoire, c'est l'élément principal d'un système informatique, la partie qui exécute les instructions des programmes et traite les données. Marcian Hoff et Federico Faggin conçoivent en 1969, pour la firme Intel, le premier microprocesseur, c'est-à-dire le premier processeur miniaturisé. Cette puce porte le nom d'Intel 4004 et offre des performances comparables à celles d'un des premiers ordinateurs, l'ENIAC, construit à la fin des années 1940. On peut mesurer l'ampleur de la miniaturisation obtenue en une vingtaine d'années si on rappelle que l'ENIAC pesait trente tonnes et occupait presque cent soixante-dix mètres carrés… Les collectionneurs s'arrachent ces premiers microprocesseurs historiques.

Barbelés ou fil de fer barbelé

Rien n'est plus difficile à traverser qu'un buisson de ronces. Sur ce constat, on essaya de produire assez tôt du fil de fer muni d'épines qui serait plus dissuasif qu'un simple filin. Passons sur les premiers essais inaboutis. Le modèle encore utilisé aujourd'hui est l'invention de Joseph Glidden, un fermier américain qui, en 1874, mit au point ce système de pointes fixées sur un fil tandis qu'un deuxième fil s'entortille et les maintient en place. Il remporta une âpre bataille juridique autour de son brevet et, après avoir créé une usine dans l'Illinois, il finit à sa mort en 1906 par avoir constitué une des plus grosses fortunes des États-Unis. Il faut dire que dans le Middle West comme au Far West, le barbelé devint vite indispensable pour marquer les lieux de pâture des grands troupeaux. Les *Fence Cutting Wars* – les « guerres des coupeurs de clôture » – dans les années 1880 marquèrent si fortement les esprits (avec des morts à la clé) que la justice dut mettre en place une législation très ferme autour du droit de clôture.

Sorbet et Esquimau

Le mot « sorbet » a suivi un long périple. À l'origine, il provient d'un mot arabe qui signifie « boisson » ; il passe ensuite dans la langue turque, puis italienne et française, où il arrive en 1533. Les pâtissiers-glaciers de Catherine de Médicis en auraient importé la recette à la cour de France. Le Sicilien Procopio Cutò, dit Procope, en sert dans le café qu'il ouvre en 1696 à Paris, rue de l'Ancienne-Comédie. Désormais le nom désigne une « glace légère à base de liqueur, de jus de fruit », comme le dit l'*Encyclopédie méthodique* de 1782. Quant aux fameux Esquimau, sucettes de glace enrobées de chocolat, ils sont inventés en 1919 par l'Américain Christian K. Nelson, qui appelle son invention « Eskimo Pie » et la brevette en 1922 aux États-Unis. Pour la sortie du film de Robert Flaherty *Nanouk l'Esquimau*, la même année, on vend pour la première fois des Esquimau dans un cinéma. L'appellation Esquimau est reprise et déposée en France par Gervais en 1928, et il sera populaire sur les plages des premiers congés payés, en 1936.

MP3

À l'origine, le terme « MP3 » désignait simplement une norme, un format utilisé pour compacter des données. Mais il s'est imposé dans la langue comme s'il s'agissait d'un objet, certes virtuel, mais qu'on peut stocker ou échanger, et au lieu de dire « un morceau de musique codé en MP3 », on dit tout simplement « un MP3 ». Parfois même, c'est le lecteur de MP3 qui est appelé aussi « MP3 ». Ce format dérive des normes MPEG mises au point en 1992-1995. Il est l'aboutissement de multiples tests pour conserver le son le plus pur malgré la compression. On notera que la chanson *Tom's Diner* de Suzanne Vega notamment a servi de test, car la simplicité de son son permettait de mieux détecter les imperfections. Les premiers baladeurs MP3 ne pouvaient contenir que quatre morceaux de musique environ. Aujourd'hui, ils peuvent en stocker près de quarante mille.

Paratonnerre

Benjamin Franklin (1706-1790) est un génie et le paratonnerre est son invention la plus célèbre. Écrivain, diplomate, homme politique qui s'engagera dans le processus d'indépendance des États-Unis d'Amérique, il se passionne aussi pour les expériences sur l'électricité. Et il s'aperçoit que la force dégagée par la foudre est d'une nature analogue. Pour vérifier cette intuition, il confectionne en 1750 un cerf-volant qu'il fait voler un jour d'orage en y attachant une clé métallique qui attire les décharges : il met ainsi en évidence la nature électrique des éclairs et imagine comment protéger les bâtiments contre la foudre. Le paratonnerre voit ainsi le jour. C'est aussi à lui qu'on doit le vocabulaire utilisé pour décrire ces phénomènes, comme les termes « positif », « négatif » et « charge » pour parler du courant électrique.

Barrage

Dès l'Antiquité la question des ressources en eau est cruciale. Les barrages sont adoptés pour réguler le cours des fleuves. Et le plus ancien date d'environ 3000 av. J.-C., en Égypte, dans la vallée de Garawi. Au XXe siècle, ce sont surtout des barrages hydroélectriques qui sont construits pour produire de l'énergie. On aurait pu aussi présenter cette invention sous la forme d'un jeu : quel est le point commun entre le choléra, Giono et Zola ? Il s'agit d'un barrage, qu'on appelle le « barrage Zola », construit par François Zola, le père du romancier, pour s'attaquer au problème de l'approvisionnement en eau de la ville d'Aix-en-Provence, vers 1837. La question était devenue importante à la suite de l'épidémie de choléra qui avait sévi quelques années auparavant et que Giono a choisie comme cadre de son *Hussard sur le toit*.

Carte bancaire et carte à puce

Même si dans les années 1950-1960, on a vu apparaître des cartes de paiement aux États-Unis, on peut dire que le principe de la carte bancaire, dite « Carte Bleue », est une invention française. Avec son logo bien reconnaissable que l'on doit à l'illustrateur Chourgnoz, la Carte Bleue est née du rapprochement de cinq grands établissements bancaires – BNP, le Crédit Lyonnais, la Société Générale, le CCF et le CIC – à partir de 1965. Deux ans plus tard, la Carte Bleue fait des débuts timides. Les commerçants n'ont pas confiance et rechignent à payer une commission. En 1968 apparaît le premier distributeur de billets à Paris. Ce qui va tout changer, c'est l'invention de la carte à puce par le Français Roland Moreno, qui permet d'enregistrer de manière très sécurisée les informations précédemment contenues sur une piste magnétique. Si son brevet est déposé en 1974, elle se généralise à partir de 1986. Le code secret à quatre chiffres date, lui, de 1990.

Piano

Avant le piano, il y avait le clavecin. L'aventure du piano commence avec Bartolomeo Cristofori (1655-1731), un jeune facteur de clavecins de la ville de Padoue dont s'entiche le prince Ferdinand de Médicis, qui l'embauche en 1688 comme facteur des instruments de la Cour. Le mécène encourage le jeune homme : il faut innover ! Avec un clavecin, quelle que soit la force avec laquelle on frappe les touches du clavier, le son produit est le même car les cordes sont pincées. Pour pouvoir nuancer le jeu de l'instrumentiste, Cristofori met au point un système de petits marteaux qui frappent les cordes. En 1700, il présente à la Cour son invention, un « gravecembalo col piano e forte », c'est-à-dire un clavecin avec des nuances douces et fortes. Le nom est trop long : on va appeler ce nouvel instrument « piano-forte », puis finalement « piano ». Les compositeurs du XVIIIe siècle, tout spécialement en pays germanique, s'enthousiasmeront pour cette révolution musicale.

Bikini

À la mer, dans les années 1920, les femmes portaient des robes à peine décolletées. Puis avec la vogue des bains de soleil et les progrès de la natation, les années 1930 ont dégagé le corps et proposé des maillots de taille de plus en plus réduite. « Bikini » est la marque, déposée en 1946 par Louis Réard, du premier maillot deux-pièces qui découvre le nombril. En choisissant ce nom, il espérait lancer une véritable bombe dans le monde de la mode, Bikini étant le nom de l'atoll sur lequel les Américains venaient de procéder à un essai nucléaire. La présentation du Bikini s'est faite en France, à la piscine Molitor. Le maillot était porté par une danseuse nue du Casino de Paris, tous les mannequins ayant refusé de défiler dans une tenue aussi indécente !

Dollar

Avant la guerre d'Indépendance, les monnaies en circulation en Amérique du Nord étaient multiples et le troc présidait souvent aux échanges. Mais il est devenu important pour les États-Unis d'émettre leur propre monnaie dès lors qu'ils se sont dotés d'une Constitution. Le « Mint Act » du 2 avril 1792 établit pour la première fois au monde un système monétaire décimal, avec le dollar comme monnaie de référence. Les premières pièces américaines sont frappées en 1793 à Philadelphie. Les banques sont autorisées à émettre des billets, qui sont assez variés. Ce n'est qu'en 1913 que le système de la Réserve fédérale est voté par le Congrès. Aujourd'hui, seul le Bureau of Engraving and Printing imprime les billets verts. Le mot « dollar » est une déformation du nom d'une monnaie européenne, le thaler, qui était utilisée depuis le XVIe siècle dans divers États de langue allemande.

Borsalino

Quand Giuseppe Borsalino, en avril 1857, crée le fameux chapeau qui va porter son nom, il ne se doute pas qu'il va si vite remporter le succès. Dès 1900, il en produit sept cent cinquante mille par an et reçoit une médaille à l'Exposition de Paris. L'entreprise familiale, installée à Alexandrie, dans la plaine du Pô en Italie, connaîtra quelques vicissitudes, mais son chapeau de feutre, produit à partir de poils de lapin ou de lièvre, va entrer dans la légende. Il faut dire qu'il nécessite en tout cinquante-deux étapes de fabrication, qui durent sept semaines.
Sa célébrité lui vient aussi du cinéma. Couvre-chef d'Humphrey Bogart, arboré par Marcello Mastroianni dans *Huit et demi*, il a été immortalisé en France par un film de Jacques Deray, *Borsalino* (1970), avec Alain Delon et Jean-Paul Belmondo incarnant deux bandits tirés à quatre épingles sévissant à Marseille dans les années 1930. Il a été remis à la mode par Michael Jackson, Johnny Depp ou encore Pete Doherty.

TGV

En 1964, le Japon ouvre entre Tokyo et Osaka la première ligne à grande vitesse au monde. La SNCF crée son bureau d'études sur la question en 1966. Un projet est adopté en 1971. Les prototypes des années qui suivent ont une traction assurée par des turbines à gaz. Le train atteint les trois cent dix-huit kilomètres-heure en plaine d'Alsace. Le choc pétrolier fait repenser le projet sur le mode électrique. La première ligne, Lyon-Paris, est mise en service en septembre 1981. Le designer du « train qui ne ressemble pas à un train » est Jacques Cooper, qui travaille alors chez Alsthom. Pour la ligne du TGV Atlantique en 1989, c'est Roger Tallon qui redessine l'habillage et les aménagements intérieurs. Dans *Mission : impossible*, film de Brian De Palma de 1996, on voit la rame 336 du TGV Atlantique.

Fermeture Éclair

Il ne faudrait pas parler de fermeture Éclair, qui est une marque déposée, mais de fermeture à glissière. Mais comme pour le Frigidaire, la marque est devenue tellement emblématique qu'elle a fini par servir de dénomination générique. Les premiers brevets datent de la fin du XIXe siècle, mais le système ne fonctionnait pas bien. C'est Gideon Sundbäck, ingénieur suédois naturalisé américain, pourtant plutôt spécialisé dans les turbines à vapeur, qui améliore le principe en augmentant le nombre de dents au centimètre en 1913 et en perfectionnant l'attache séparable en 1917. L'armée bénéficiera la première de cette innovation si importante dans la vie quotidienne. On estime aujourd'hui que plus de quatre cent mille kilomètres de fermeture à glissière sont produits chaque année dans le monde. Le leader du secteur est japonais.

GPS

Quelle femme étonnante que cette Hedwig Eva Maria Kiesler (1914-2000), comédienne viennoise qui se fait connaître en 1933 pour avoir joué un orgasme, complètement nue, dans un film austro-tchécoslovaque ! Le film est condamné par le pape mais la propulse au rang de star à Hollywood, sous le nom de Hedy Lamarr, et elle va connaître une vie amoureuse mouvementée, avec pas moins de six mariages à la clé ! Mais, me direz-vous, quel rapport avec le GPS ? C'est qu'en plus de ses talents d'actrice et de sa sensualité débridée, Hedy est une scientifique qui, en 1941, avec George Antheil, musicien tout aussi atypique, dépose un brevet pour un système secret de communication pour le guidage des torpilles. Ce principe de transmission dit d'« étalement de spectre par saut de fréquence » est à l'origine du GPS (*Global Positioning System*).

Transfusion sanguine

En 1667, alors qu'un jeune garçon a subi plus de vingt saignées sans voir sa fièvre guérie, le médecin personnel de Louis XIV, Jean-Baptiste Denis, a l'idée de lui faire une importante transfusion de sang, mais prélevé sur un agneau ! Il guérit miraculeusement. Cependant les essais suivants sur d'autres patients (avec du sang de veau notamment) les conduisent à la mort… En 1675, le Parlement interdit alors les expérimentations sur l'homme. Les travaux d'analyse du sang se poursuivent aux siècles suivants et permettent de mieux comprendre sa composition. En 1900, l'Autrichien Karl Landsteiner (prix Nobel de médecine en 1930) découvre l'existence des groupes sanguins. Les transfusions vont être pratiquées à plus grande échelle durant la première guerre mondiale. À partir du moment où l'on sait mieux conserver le sang et le conditionner dans des poches (1916), l'opération devient plus commode.

Submersible à hélice

Sur le principe de la vis d'Archimède, on a pu concevoir l'hélice. Et grâce au mouvement hélicoïdal, les inventeurs ont imaginé toutes sortes de véhicules se déplaçant dans l'eau. Le premier submersible avec deux hélices actionnées par des pédales et une manivelle par un passager unique s'appelle *La Tortue*. Il a la forme d'un œuf et ne peut guère contenir autre chose que son pilote. Il a été conçu et fabriqué par l'Américain David Bushnell (1742-1824). Le 6 septembre 1776, le sergent Ezra Lee essaie de l'utiliser pour attaquer le *HMS Eagle*, navire amiral de la flotte anglaise, dans le port de New York. Mais il ne réussit pas à forer la coque pour y fixer une torpille dans les trente minutes d'autonomie qu'offre l'engin. Il abandonne alors sa charge explosive à la dérive tandis qu'il s'éloigne et se met à l'abri. Cela sème une certaine panique et aboutit à la levée du blocus du port de New York !

Brosse à dents

Les hommes ont toujours souhaité se nettoyer la bouche après avoir mangé. Dans une publicité des années 1980 qui faisait la promotion des brosses à dents en Inde, on expliquait que c'était « aussi efficace que le doigt »… Cure-dents, bâtons de bois à mâchouiller, on trouve ces dispositifs partout et depuis toujours. L'invention de la brosse à dents à proprement parler date du XVIe siècle, en Chine. Elle est importée en Europe un siècle plus tard. Une fois passé un premier effet de mode, notamment à la Cour, elle reçoit un succès mitigé, avec ses poils de sanglier très durs qui arrachent un peu les gencives. Et les bactéries prolifèrent entre les poils… C'est l'invention du Nylon en 1937-1938 par Dupont de Nemours qui va marquer son ascension vertigineuse.

Aviron

Rame, pagaie : toutes les civilisations ont utilisé ce moyen de faire glisser sur l'eau une embarcation. Cependant ce sont les Britanniques qui ont promu l'aviron comme loisir et sport en organisant une première course en août 1715, pour l'avènement du roi Georges Ier. Les universités anglaises lui ont ensuite donné ses lettres de noblesse avec l'affrontement symbolique entre Oxford et Cambridge : en 1829 a lieu le premier match annuel à huit rameurs avec barreur sur une distance de 6,838 km. En 1852, les universités américaines de Yale et de Harvard copient leurs aînées. En France, le canotage sur la Seine ou la Marne est un loisir très prisé à partir des années 1820 ; il met à la mode un chapeau de paille, le canotier, immortalisé par Renoir. Mais le premier club français d'aviron sportif est créé au Havre en 1834, qui organisera des régates à partir de 1839. L'aviron fait partie des disciplines olympiques depuis les Jeux de Paris de 1900.

Lampe à bronzer

Jusqu'à la fin du XIXe siècle (et encore aujourd'hui dans certains pays), on a tout fait pour se protéger du soleil et les femmes s'ingéniaient à garder un teint pâle, signe d'appartenance à l'aristocratie. En effet, le bronzage était associé aux travaux des champs. Mais le renversement esthétique se fait au début du XXe siècle et une peau hâlée devient synonyme de bonne santé et de joie de vivre. On découvre parallèlement les effets curatifs du soleil sur un certain nombre d'affections de la peau et sur d'autres maladies chroniques, et le physicien Niels Ryberg Finsen, un Danois, met au point une lampe à ultraviolets (UV) qui reproduit artificiellement certains rayonnements solaires (1890). Entre usages médicaux et cabines d'esthétique, les UV deviennent à la mode. L'industrie se développe surtout à la fin des années 1970. Depuis, on a appris à distinguer les UVA et les UVB, et à se méfier d'une exposition prolongée, potentiellement cancérigène.

Épingle de sûreté

Dès la préhistoire, on connaît l'épingle, fabriquée dans diverses matières pour tenir ensemble deux morceaux de fourrure. Le travail des métaux permet de faire émerger des variantes plus ou moins précieuses, fibules ou broches. L'épingle de sûreté, qui à la fois assure mieux la fermeture avec un ressort et cache le bout pointu pour éviter de se piquer, est une trouvaille de Walter Hunt (1796-1859), mécanicien américain aux multiples inventions. La légende veut qu'il ait vendu le brevet à une société en 1849 pour une somme dérisoire, afin de pouvoir régler une petite dette. Il avait déjà mis au point une machine à coudre en 1833, mais avait renoncé à en déposer le brevet, craignant qu'elle ne mette au chômage un grand nombre de couturières…

Jeu d'échecs

Histoire ou légende ? Un brahmane indien du nom de Sissa aurait inventé des jeux pour distraire un prince, dont le chaturanga, ancêtre des échecs. Le monarque lui demanda ce qu'il voulait pour récompense et le sage lui répondit : un grain de blé posé sur la première case de l'échiquier, puis deux sur la deuxième, puis quatre, en suivant et en doublant ainsi le nombre de grains jusqu'à la soixante-quatrième case. Cette demande apparemment anodine ne put jamais être satisfaite : il aurait fallu réunir plus de cinq mille ans de moissons ! Cette histoire en tout cas nous dit que l'origine du jeu se situe en Inde, vers le VIe siècle de notre ère. Notons qu'une autre légende fait remonter le jeu à la guerre de Troie et attribue son invention à Palamède, l'un de ses héros grecs, là encore pour distraire de l'ennui ses compagnons.

Surf

Les peuples d'Hawaï ont, semble-t-il, toujours pratiqué le surf. En tout cas, lorsque James Cook aborde dans cet archipel en 1778, il découvre cette activité et la décrit. Le défi des Polynésiens est de prouver, face aux vagues déferlantes, leur puissance et leur supériorité sur les autres membres du groupe. Nus ou presque, sur leurs longues planches en bois, ils choquent les colons, qui leur interdisent plus ou moins de continuer cette pratique. Au début du XXe siècle, un champion de natation hawaïen, Duke Kahanamoku, remet le surf à l'honneur et fait des démonstrations dans le monde entier. Les touristes apprécient et ce sport se répand sur les rivages australiens et américains. En France, il fera une première apparition à La Baule vers 1906. Mais c'est plutôt du côté de Biarritz, dans les années 1950, qu'il va s'implanter durablement.

Météo

Ce qu'on appelle aujourd'hui la « météo » est à la fois l'étude des phénomènes liés au climat et l'organisme qui cherche à prévoir le temps qu'il fera dans les jours à venir. C'est la création de ce service qui nous intéresse. La tempête du 14 novembre 1854 fut tragique pour la flotte franco-anglo-turque engagée dans la guerre de Crimée. Partant de ce constat, Urbain Le Verrier (1811-1877) propose l'année suivante à Napoléon III de créer un réseau de stations météo reliées par le nouveau télégraphe électrique et un service centralisé pour prévenir les marins des tempêtes qui se forment et les mettent en danger. À partir de 1863, c'est l'Observatoire de Paris qui publie chaque jour des cartes météorologiques. Le réseau s'étend progressivement à d'autres pays européens. Et en 1873, une organisation internationale voit le jour. À noter qu'Urbain Le Verrier était aussi un brillant astronome : il est le découvreur de la planète Neptune.

Confetti

Quelle histoire que celle du confetti ! Elle est évidemment liée à l'histoire des fêtes publiques et tout particulièrement du carnaval. Le mot italien *confetti* signifie « dragée », une sorte de confiserie fourrée de confiture ou de fruits secs et couverte de sucre blanc. C'est ce qu'on jetait à l'origine durant le carnaval. Puis on créa des confettis en plâtre, mais cet usage était très salissant et il fallait porter un masque devant la bouche pour ne pas s'étouffer. L'idée du confetti de papier est venue de Milan vers 1883 : un homme ingénieux, constatant que pour l'élevage des vers à soie, on utilisait du papier perforé, eut l'idée de ne pas laisser perdre les toutes petites rondelles de papier résiduelles et de les proposer en sac pour les fêtes ! En France, les confettis de papier firent leur apparition au Casino de Paris à l'hiver 1891, puis au carnaval de Nice en 1892. Désormais, ils accompagnent tous les corsos fleuris de la Côte d'Azur.

Locomotive

La machine à vapeur voyageuse – *travelling engine* – a circulé pour la première fois sur des rails en février 1804, au pays de Galles. Elle faisait l'objet d'un pari entre deux maîtres de forge de la région de Cardiff. Elle fut mise au point par Richard Trevithick (1771-1833), ingénieur des mines. Elle tractait cinq wagons qui permirent de transporter dix tonnes de fer et soixante-dix hommes à une vitesse moyenne de huit kilomètres-heure sur un peu moins de quinze kilomètres. En 1808, cet inventeur fit un nouvel essai sur un circuit fermé. La nouvelle locomotive s'appelait *Catch Me Who Can* (« M'attrape qui peut » !), mais ne rencontra pas de succès commercial. En France, c'est Marc Seguin qui construisit la première locomotive, pour la ligne reliant Saint-Étienne à Lyon, en 1829.

Dessin animé

Dessin animé, cinéma d'animation : l'invention de ces techniques qui ont connu un tel développement par la suite remonte aux années 1906-1908. Elle est due principalement à deux hommes. L'un, aux États-Unis, James Stuart Blackton, utilise une caméra qu'il modifie et il présente en 1906 *Humorous Phases of Funny Faces* (« Phases amusantes de figures marrantes »), qui dure trois minutes, avec un personnage dessiné à la craie. Dans les mêmes années, sans qu'on sache exactement s'il s'est inspiré du travail de Blackton, Émile Courtet, dit Émile Cohl (1857-1938), réalise le petit film *Fantasmagorie*, tourné image par image, qui dure une minute quarante-cinq. Cet illustrateur et caricaturiste est un personnage haut en couleur : comédien, prestidigitateur, auteur de vaudevilles, il est une des figures des cabarets de Montmartre et fréquente la bohème de ce début de XXe siècle. Coïncidence étrange, il meurt le même jour que Georges Méliès.

Sous-marin

Il y eut bien de premières expérimentations de submersibles au cours du XVIIIe siècle, mais ce n'est qu'à la fin du siècle suivant qu'on voit les premiers navires sous-marins capables d'embarquer un équipage. Ainsi l'ingénieur espagnol Isaac Peral y Caballero conçoit-il en 1885 un bâtiment de vingt-deux mètres et quatre-vingt-cinq tonnes pouvant contenir douze marins. Équipé d'un lance-torpilles, il est efficace de nuit mais se détecte très facilement en plein jour. Il est abandonné par l'*armada* espagnole. Quant au *Gymnote* construit en France, en 1887, par Henri Dupuy de Lôme et Gustave Zédé, il ne peut embarquer que cinq hommes, mais son moteur électrique de cinquante chevaux le rend assez opérationnel. En 1904, le *Narval*, équipé d'un périscope, jouit d'une propulsion à vapeur en surface et électrique en plongée. Il est l'œuvre de Maxime Laubœuf. En 1914-1918, les sous-marins seront engagés en grand nombre dans le conflit mondial. La propulsion nucléaire changera complètement l'autonomie des vaisseaux à partir des années 1950.

Souris (informatique)

Une petite forme qui tient bien au creux de la main, avec un ou deux boutons, une molette et surtout un fil qui la relie à l'ordinateur : ce système de pointage a tout de suite été nommé « souris » (*computer mouse* en anglais). Conçue en 1963 par Douglas Engelbart à Stanford, la souris est présentée cinq ans plus tard au public lors d'une grande conférence à San Francisco, avec d'autres innovations comme le lien hypertexte. Mais elle ne sera vraiment commercialisée qu'à partir des années 1980, par Steve Jobs, le fondateur d'Apple. Cette nouvelle interface permet à l'utilisateur d'interagir avec son ordinateur d'une manière beaucoup plus directe. Si la prise en main du « mulot » demande parfois un peu d'habitude, ce système a révolutionné les ordinateurs personnels. L'usage des écrans tactiles est en passe de le rendre obsolète.

Microscope

Les discussions vont bon train pour savoir exactement qui a inventé le microscope. Tout dépend du degré de complexité de l'objet qu'on désigne par ce vocable. Mais nous pouvons tout de même énoncer quelques certitudes. Le microscope apparaît aux Pays-Bas au XVIIe siècle. On y a attaché le nom des opticiens Jansen père et fils. Mais Galilée aurait construit de son côté, en Italie, un appareil d'optique analogue. En tout cas, le nom « microscope » (« qui observe ce qui est petit ») apparaît en 1645. Le naturaliste hollandais Antonie Van Leeuwenhoek (1632-1723) a contribué à diffuser un autre modèle de son invention. Il a eu l'idée (pas si étonnante que cela…) de mettre sous la lentille quelques gouttes de sperme pour les observer et il a ainsi découvert l'existence des spermatozoïdes, sans qu'on comprenne très bien à l'époque de quoi il s'agissait !

Poker

Comme tous les jeux, le poker s'est développé et répandu au gré des échanges commerciaux et des mouvements de population. Est-il un lointain descendant d'un jeu iranien, comme on le dit parfois ? Plus certainement, il est dérivé du jeu de poque français ou *Pochen* allemand qui se pratique en Europe depuis le XVIe siècle. Il s'apparente aussi au jeu du brelan et à quelques jeux de cartes où le bluff joue un rôle. En tout cas, c'est dans le Nouveau Monde que naît le poker au XIXe siècle. Il fait vite partie du folklore du Far West ou des bateaux à vapeur qui sillonnent le Mississippi. Pendant la guerre de Sécession, certaines règles vont se fixer, avec des variantes codifiées (le draw et le stud). Les films américains sont nombreux à avoir associé la vie des aventuriers à celle des joueurs de poker, qu'il s'agisse de *Maverick* ou du *Kid de Cincinnati*.

Lunettes

Dès l'Antiquité on a découvert qu'en polissant les verres d'une certaine manière, on pouvait leur donner un effet grossissant. Il semble aussi qu'un physicien arabe, Ibn al-Haytham, avait compris aux alentours de l'an 1000 l'importance d'une face arrondie. Mais c'est au Moyen Âge, en Italie, vers 1285, qu'on fabrique les premiers verres pour améliorer la vue des personnes âgées, en particulier des moines qui ont besoin de lire et d'écrire. Les premières lunettes ressemblent plutôt à une loupe qu'on met devant un œil, puis on enchâsse deux verres dans deux cercles articulés qu'on tient devant ses yeux. Puis, pour garder les mains libres, on pense à les poser sur le nez et à les retenir avec un pince-nez. L'utilisation d'un cordon serré derrière la tête, puis de branches n'apparaît que plus tard, vers le XVIIIe siècle, et se trouve freinée par les perruques de l'époque. Les verres corrigeant la myopie ne sont apparus qu'au XVe siècle.

Papier

Durant des siècles, on a attribué l'invention du papier à Tsai Lun, fonctionnaire impérial chinois, plus précisément eunuque de l'Office des armes et outils. On savait déjà écrire sur du papyrus, de la soie et d'autres supports naturels, mais on n'avait pas encore créé de produits manufacturés spécifiquement destinés à l'écriture. Ce Chinois eut l'idée, vers 105 apr. J.-C., d'utiliser de l'écorce, du chanvre, des chiffons et des filets de pêche, de les triturer pour en faire une pâte et de l'étaler en couche fine pour faire des feuilles de papier. Mais les fouilles archéologiques du XXe siècle ont permis de découvrir dans des tombes chinoises des morceaux de papier antérieurs de près de deux siècles. On pense donc aujourd'hui que l'invention est bien chinoise, mais que Tsai Lun l'a simplement améliorée. L'utilisation du papier s'est ensuite répandue dans le monde arabe puis, seulement vers le XIIe siècle, en Occident.

Aspirine

Imaginons un dialogue : « Tu n'as pas l'air bien ! Ça va ? – Pourquoi dis-tu ça ? – Eh bien tu es blanc comme un cachet d'acide acétylsalicylique ! » On imagine l'étonnement de l'interlocuteur. Et pourtant voilà le vrai nom de la molécule active de l'aspirine, ce médicament si célèbre qu'il est entré dans une expression courante ! Son histoire prend ses racines dans l'Antiquité et la médecine d'Hippocrate, médecin grec qui connaissait déjà les vertus du saule et de la reine-des-prés. Ce sont ces plantes qui ont permis au chimiste alsacien Charles Gerhardt d'extraire le principe en 1853. La firme Bayer, avec les chercheurs Dreser, Eichengrün et Hoffmann, étudie l'action de ce nouveau médicament dont le nom (*Aspirin* en allemand) est déposé en 1899. « Aspirine » est devenu dans la vie courante un nom générique pour tous les médicaments qui soignent la fièvre et les douleurs.

Scaphandre

Certains rêvent de s'envoler comme les oiseaux, d'autres voudraient pouvoir respirer sous l'eau comme les poissons : à chacun son projet ! Le mot « scaphandre », qui signifie étymologiquement « bateau de l'homme », apparaît pour la première fois dans un traité de 1775 composé par l'abbé de La Chapelle. C'est une sorte de combinaison en liège qui permet aux soldats de traverser une rivière en flottant. Le scaphandre, avec un casque muni d'un hublot, a connu de nombreux prototypes avant d'être au point. Au début, par exemple, si le plongeur ne restait pas à la verticale, l'eau entrait dans le casque ! C'est en 1837 que l'Allemand Auguste Siebe présente un modèle déjà plus opérationnel, avec une pompe à la surface pour alimenter le casque en air. En 1855, Joseph Cabirol, à l'Exposition universelle, fait descendre à quarante mètres de profondeur un forçat équipé d'un nouvel appareillage… Le spectacle a beaucoup de succès ! Le scaphandre autonome avec bouteilles n'apparaîtra qu'en 1943 (après plusieurs essais et brevets restés sans suite), grâce à Émile Gagnan et Jacques-Yves Cousteau.

Robot

Depuis l'Antiquité, on cherche à produire des automates. Ce sont des réalisations d'horloger qui sont programmées pour toujours faire les mêmes mouvements. Mais un robot, c'est encore autre chose : il a des sortes d'organes sensoriels, des capteurs, qui interagissent avec leur environnement et qui influencent son activité motrice. Ce mot, dérivé du tchèque *robotnik* qui signifie « ouvrier », a été inventé par le dramaturge Karel Čapek dans une de ses pièces, *Rossum's Universal Robots*, publiée en 1921, où figurent des androïdes. Le XXe siècle verra ainsi apparaître les premiers robots en fonctionnement : un chien électrique attiré par la lumière (Hammond et Miessner, 1915), des tortues cybernétiques (Grey Walter, 1950) ou encore un renard électronique (Ducrocq, 1953). La SF s'emparera du sujet pour réfléchir sur ce qu'est l'homme. À partir de 1950, Isaac Asimov publiera son cycle *Les Robots*, tandis que Philip K. Dick, avec son chef-d'œuvre *Les Androïdes rêvent-ils de moutons électriques ?*, inspirera *Blade Runner*.

Eau-forte

Il ne faut pas se méprendre, l'eau-forte, appelée aussi « eau ardente » ou « eau caustique », n'est pas un liquide anodin. Il s'agit, pour faire court, de l'acide nitrique qui est employé depuis le Moyen Âge en orfèvrerie pour attaquer le fer et le cuivre et les graver. Mais son utilisation s'est perfectionnée à partir de la fin du XVe siècle, avec des graveurs comme Daniel Hopfer (1470-1536) à Augsbourg, Urs Graf (1485-1527) à Zurich et à Bâle, Albrecht Dürer (1471-1528) à Nuremberg ou encore Lucas de Leyde (1494-1533) pour la Hollande : ils sont parvenus à graver et imprimer des dessins très fins qu'on appelle des estampes ou eaux-fortes. En France, la technique a été introduite un peu plus tard. Jacques Callot (1592-1635), en employant le vernis dur des luthiers, a permis l'épanouissement complet de cet art. On appelle « aquafortistes » les artistes qui pratiquent ce type de gravures.

Lunette et télescope

Vers 1608, les enfants de Hans Lippershey, lunettier hollandais, auraient découvert en jouant qu'en regardant au travers de deux lentilles particulières, l'une, concave, près de l'œil, l'autre tenue à bout de bras, on obtenait un grossissement saisissant de l'image. La lunette de « longue vue » serait ainsi née. Lippershey répandit ses « lunettes hollandaises » en Europe. Mais d'autres modèles circulaient aussi, venus d'Italie. Galilée eut aussitôt l'idée de tourner l'instrument vers le ciel ; il se fabriqua ses propres lunettes astronomiques et augmenta le taux de grossissement de trois à trente. C'est enfin Newton, en étudiant les rayons lumineux, qui eut l'idée en 1671 de remplacer la lentille d'objectif par un miroir et de jouer non pas sur la réfraction, mais sur la réflexion. Il obtint une image beaucoup moins floue et posa la base des télescopes modernes.

Violoncelle

Comme le violon, le violoncelle est né en Italie, sans doute dans les ateliers du luthier de Crémone Andrea Amati (1511-1577). L'ancêtre du violoncelle est le rebec du Moyen Âge. L'instrument va connaître toutes sortes de noms et surtout, il est d'abord suspendu au cou du musicien. C'est commode dans les cortèges, mais pas vraiment le reste du temps. On le tient ensuite serré entre les genoux, comme une viole de gambe. Ce n'est pas encore satisfaisant, ni pour la posture de l'instrumentiste ni pour le son produit. Il est cependant déjà très apprécié au XVIIIe siècle : Antonio Vivaldi (1678-1741) écrit vingt-sept concertos pour violoncelle. Ce n'est qu'au milieu du XIXe siècle qu'on aura l'idée de le poser sur une pique qui le surélève et qui allège les pressions. Autrefois fixe, cette pique métallique est aujourd'hui réglable.

Allumette

Les scouts et les candidats de télé-réalité le savent : faire du feu sans allumettes, c'est un vrai défi ! Ces bâtonnets enduits à leur tête d'un produit chimique ont changé la vie des gens. Ils sont plusieurs à se succéder pour mettre au point cette invention du XIXe siècle. Dès 1805, il existe des petites tiges qu'on doit plonger dans une fiole d'acide pour les enflammer… Procédé français qui n'est pas très portatif ! C'est John Walker, un Britannique, qui propose une première allumette à friction en 1827. Mais chlorure, sulfate et autres composants ne forment pas un mélange très stable. Finalement la composition à base de phosphore blanc établie par Pasch, un chimiste suédois, marque une étape décisive en 1844. Onze ans plus tard, un de ses compatriotes, Lundström, utilisera du phosphore rouge, beaucoup plus inoffensif, au point que ses allumettes seront désormais appelées « allumettes de sûreté ». Les allumettes suédoises sont nées.

Diabolo

Ce jouet ou plutôt jeu d'adresse qui consiste à faire rouler sur un fil tendu d'une main à l'autre un objet en équilibre instable nous vient de Chine, sans doute depuis des temps très anciens. En bambou, percé de trous, il produisait un sifflement que les marchands utilisaient pour alerter les chalands. En 1794, Lord Macartney le rapporta en Angleterre d'une mission diplomatique. On lui donna alors son nom, qu'on explique soit par le son diabolique qui s'en échappe, soit par les racines grecques *dia* (« à travers ») et *bollo* (« lancer »). En France, le diabolo fait proprement fureur à partir de 1812 et son succès ne se dément pas durant des décennies. Mais en 1907, après de graves accidents, Louis Lépine, le préfet de police qui a donné son nom au célèbre concours d'invention, est amené à en réglementer l'usage en réservant l'allée de l'Observatoire aux passionnés de diabolo et en l'interdisant ailleurs dans la capitale.

Phonographe

On a parfois peine à imaginer les temps anciens où on ne pouvait pas écouter de musique s'il n'y avait pas à proximité un artiste avec un instrument ou si on n'en jouait pas soi-même. L'invention du phonographe a révolutionné notre environnement sonore en permettant la reproduction différée des sons. C'est en avril 1877 que le Français Charles Cros imagine un appareil qu'il nomme le « paléographe », mais avant même qu'il ait déposé un brevet, l'Américain Thomas Edison, en décembre 1877, dépose celui du phonographe. Un stylet grave sur un cylindre en étain des vibrations qui peuvent être lues ensuite et restituées par un diaphragme. Le premier enregistrement dure deux minutes. Le même procédé a été conçu par Cros et Edison, et on pense généralement que les deux hommes n'ont pas eu connaissance de leurs travaux respectifs. Les deux esprits se sont rencontrés.

Braguette

C'est dans la seconde moitié du XVIe siècle que le costume masculin subit d'importantes modifications. Le pourpoint se raccourcit et on y fixe par deux pattes boutonnées une poche triangulaire amovible attachée aussi aux hauts-de-chausses (qui vont de la taille aux genoux) qu'on appelle « braguette », c'est-à-dire « petite braie ». Sur le modèle de la pièce d'armure qui protège les parties génitales, la mode va être au rembourrage, aux couleurs vives et à une sorte d'excentricité virile, mettant en pleine lumière les attributs du mâle de la Renaissance ! La pièce de tissu cache l'ouverture des chausses, mais elle permet aussi de cacher sa bourse, son mouchoir, ou même des petits fruits. À partir de la fin du XVIe siècle, elle se fait plus discrète et le XIXe siècle pudibond la masquera le plus possible. En 1960, la fermeture Éclair révolutionne la braguette, mais la mode des jeans remettra le boutonnage à l'honneur.

Feu de circulation

Les feux tricolores nous semblent assez naturels, mais ils ne sont apparus en ville qu'à mesure de l'extension du trafic. Les premiers sont apparus à Londres, devant le Parlement, pour rendre les signaux d'un agent de police plus visibles la nuit : nous étions en décembre 1868 et un gardien de la paix actionnait un sémaphore couplé avec des feux vert et rouge. Mais ce dispositif alimenté par le gaz a explosé après moins d'un mois de mise en service ! C'est finalement aux États-Unis, à Cleveland, qu'est disposé en août 1914 le premier feu électrique rouge et vert. L'officier de police William Potts aménage en 1920 à Détroit un premier système automatisé à trois couleurs, inspiré de la signalisation ferroviaire. En France, c'est à Paris, au coin des boulevards Saint-Denis et Sébastopol, qu'on installe le premier feu rouge sonore en 1923. Les positions verte et orange n'apparaîtront que dix ans plus tard.

Camembert

Histoire ou légende ? Camembert est le nom d'un village normand et une très belle anecdote explique que Marie Harel, une de ses habitantes, aurait aidé un prêtre réfractaire sous la Révolution. Originaire de la Brie, il lui aurait confié les secrets de la fabrication de ce fromage, qu'elle aurait ainsi adapté au bocage normand. Napoléon III, lors d'un voyage à Argentan, l'aurait goûté et en aurait lancé la mode. Il s'en serait fait livrer au palais des Tuileries. Cependant dès le début du XVIIe siècle, des textes vantent les qualités des fromages de Camembert, mais parmi ceux d'autres villages comme Pont-l'Évêque ou Livarot. On est donc là très certainement en présence d'un mythe inventé pour donner davantage de prestige à ce fromage français emblématique. Il n'empêche que les descendants de Marie Harel, les Paynel, s'illustreront dans cette production.

Tennis de table

Une légende raconte que lors d'un dîner dans la haute société anglaise à l'époque victorienne, on se mit à discuter de tennis. Voulant montrer certaines phases de jeu, les convives utilisèrent un bouchon de champagne comme balle, des boîtes de cigare pour les raquettes et des livres pour le filet. Le « tennis de table » était né !
Le jeu se répand et en 1901, il est commercialisé aux États-Unis sous la marque Ping-Pong, dont le nom rappelle le bruit de la balle contre la table et les raquettes. On l'a aussi appelé « pam pam » en France et « whiff whaff » aux États-Unis. En 1902 est créée la première fédération britannique et le premier championnat du monde officiel se tient la même année. Après avoir utilisé une balle en caoutchouc, on préfère les balles en Celluloïd.
À l'origine, celles-ci étaient deux fois plus petites que les balles actuelles.

1er Mai

La fête du 1er Mai est pétrie de paradoxes. Elle tire son origine des États-Unis, plus précisément d'une manifestation organisée le 1er mai 1886 pour réclamer la journée de huit heures et violemment réprimée. Ce sont les anarchistes qui vont en faire une date de protestation contre la répression. Mais aux États-Unis, le Labour Day est fixé au premier lundi de septembre. En France, en 1889, la IIe Internationale socialiste réunie pour fêter l'anniversaire de la Révolution française choisit de fixer au 1er mai la « fête des Travailleurs », qui sera d'abord considérée par le patronat comme un jour de grève avant d'être reconnue comme jour férié. Mais finalement le caractère officiel de cette fête comme « fête du travail et de la concorde nationale » sera décidé par le gouvernement de Vichy. Elle est aujourd'hui le jour des défilés syndicaux un peu partout dans le monde.

IRM
(imagerie par résonance magnétique)

Voilà une découverte tributaire des avancées scientifiques et technologiques les plus récentes. Elle repose sur les travaux fondamentaux de Raymond Damadian, puis de Paul Lauterbur et de Peter Mansfield (prix Nobel de médecine en 2003) sur la résonance magnétique des atomes, mais s'appuie aussi sur les progrès de l'informatique qui ont permis de modéliser les résultats de l'examen en 3D. Cette technique d'imagerie médicale, sans rayons, est essentielle pour analyser en particulier l'activité cérébrale, même si le premier objet à avoir été étudié par IRM est un poivron ! On peut remercier l'étudiant de Raymond Damadian Lawrence A. Minkoff, qui accepta de servir de cobaye en 1977 pour que son professeur puisse réaliser la première IRM humaine, en l'occurrence de l'ensemble cœur-poumons. Cet assistant a poursuivi une brillante carrière dans le développement de cette technologie.

Pétrole

L'homme n'a pas inventé le pétrole, mais il a découvert comment le récupérer et l'utiliser. Certains gisements affleurent et sont ainsi connus depuis l'Antiquité. Vraisemblablement, c'est en effectuant des forages pour chercher de l'eau qu'on a découvert l'existence du pétrole en sous-sol dans l'Antiquité. En 1859, l'Américain Edwin L. Drake installe le premier puits de pétrole, de seulement une vingtaine de mètres, à Titusville (Pennsylvanie). C'est le premier pas vers l'exploitation industrielle du pétrole qui, sous forme de kérosène, supplante rapidement l'huile de baleine comme combustible d'éclairage. En produisant huit ou dix barils par jour, le puits de Drake double la production mondiale de l'époque ! La Pennsylvanie va se couvrir de derricks en quelques années seulement. C'est la ruée vers l'or noir. La population de Titusville passera de deux cent cinquante âmes à plus de dix mille habitants en quelques jours…

Photographie

Les chimistes du XVIe siècle connaissaient déjà l'action de la lumière sur le chlorure d'argent et au tout début du XIXe siècle, des travaux sur une méthode de reproduction des peintures sont menés en Angleterre par Wedgwood. Mais c'est le Français Nicéphore Niépce (1765-1833) qui parvient, vers 1826-1827, à fixer sur une plaque l'image qu'il prend du premier étage de son domicile. Il utilise une plaque d'étain recouverte d'une sorte de goudron, le bitume de Judée. La pose dure près d'une dizaine d'heures et aboutit à une image « héliographique » très nette. En 1829, il associe ses recherches à celles de Louis Daguerre, un peintre de décors, mais il décédera avant de voir l'aboutissement de leurs travaux avec la mise au point du daguerréotype vers 1838. Le brevet de 1839 est acquis par le gouvernement français pour offrir ce nouveau procédé au monde entier.

Montgolfière

Parmi les seize enfants de Pierre Montgolfier, fabricant de papier à Annonay, il en est deux qui se complètent bien, Joseph le doux rêveur et Étienne, l'esprit scientifique. Et pour imaginer ce qu'on va appeler pour leur rendre hommage une « montgolfière », c'est-à-dire un aérostat soulevé de terre par de l'air chauffé, il fallait effectivement beaucoup de curiosité et de calculs. En 1782, selon la légende, Joseph, en réchauffant une de ses chemises au-dessus de l'âtre d'une cheminée, la voit se gonfler et la sent près de s'envoler. L'idée de la montgolfière est née. Après des essais un peu clandestins, avec l'aide de toute la famille, le premier essai public se déroule le 4 juin 1783 à Annonay : le ballon s'élève en dix minutes à plus de mille mètres de hauteur et retombe à deux kilomètres de là, dans les vignes. Le succès est considérable et on ne parlera que de cela dans les journaux et les conversations.

Eau oxygénée

Si le village de La Louptière (Aube) a accolé à son nom le patronyme de Thénard, c'est que le baron Thénard (1777-1857), illustre chimiste, y a vu le jour. Il a isolé des substances comme le silicium ou le bleu de cobalt. Et en 1818, il a découvert le peroxyde d'hydrogène, plus connu sous le nom d'« eau oxygénée ». Cette substance est d'une application industrielle multiple, en plus de son usage domestique comme désinfectant : décoloration des cheveux, traitement de l'eau, stérilisation des emballages alimentaires ou encore fabrication d'explosifs. Thénard a aussi accompli une brillante carrière politique. Élu député de l'Yonne, il s'est violemment opposé, lors d'un débat, à l'un de ses collègues, qui n'était autre que Victor Hugo : ce dernier voulait réduire le temps de travail des enfants, et lui s'y opposait. Hugo s'est vengé de lui dans *Les Misérables* en nommant les tortionnaires de la petite Cosette les… Thénardier !

Cigarette

Le tabac nous vient d'Amérique. Les Amérindiens fumaient déjà l'ancêtre du cigare et de la pipe quand les Européens ont débarqué. Les premiers usages qui se sont diffusés sur le Vieux Continent étaient plutôt ceux du tabac à chiquer ou à priser. Mais cigare, pipe et cigarette dans une feuille de maïs se sont aussi rapidement répandus. Le papier à cigarette a été introduit au XVIe siècle, d'abord en Espagne, où les premières manufactures industrielles sont apparues vers 1825. En France, jusqu'au milieu du XIXe siècle, on prisait beaucoup plus qu'on ne fumait. Ce sont les soldats de Napoléon qui ont rapporté d'Espagne l'usage de rouler les cigarettes. Le mot *cigarra*, en espagnol, signifie « cigale », et c'est par analogie avec la forme de cet insecte que le nom a été donné au tabac roulé.
Le diminutif « cigaret » utilisé en France s'est transformé en « cigarette » dès 1831.

Scoutisme

« Scout toujours », « faire sa B.A. », « toujours prêt ! » : les expressions liées au scoutisme sont nombreuses. Ce mouvement de jeunesse a profondément marqué les esprits. Lord Robert Baden-Powell, général britannique à la retraite, en a l'idée après avoir admiré l'esprit d'initiative des jeunes de la ville de Mafeking assiégée en 1900, pendant la guerre des Boers en Afrique du Sud. Il en tire un petit livre expliquant comment les jeunes peuvent être des « éclaireurs », pourvu qu'on leur fasse confiance. Il découvre que son manuel est utilisé en Angleterre par des éducateurs pour aider des jeunes en perdition. Il parcourt le pays et s'émeut du désœuvrement des adolescents pauvres. En 1907, il monte son premier camp autour de sa vision de l'éducation par le jeu et la vie au grand air. Son mouvement s'internationalisera rapidement et fera des émules dans le monde entier.

Eurovision

Qui dit Eurovision a tout de suite à l'esprit des images et des chansons complètement kitsch ainsi que des décomptes de points du jury interminables et plus ou moins truqués ! Cependant il ne s'agit là que du Concours de la chanson dont la première édition a eu lieu à Lugano, en Suisse, le 24 mai 1956, avec sept pays en lice. Depuis, le nombre de pays qui y participent n'a cessé de croître. Il faut cependant savoir que plus sérieusement, il met en lumière le « Système de coopération permettant un échange de programmes télévisés entre les pays d'Europe de l'Ouest » qui est apparu au début des années 1950. La naissance officielle de ce partenariat date du 6 juillet 1954, avec la retransmission dans huit pays d'Europe de la fête du Narcisse de Montreux ! Le nom « Eurovision » a été inventé par la BBC et son indicatif musical est emprunté au *Te Deum* de Marc-Antoine Charpentier.

Violon

Le violon ne manque pas d'ancêtres ! Depuis le Moyen Âge on frotte des cordes sur les vielles, rebecs et autres violes. Quel est donc le facteur d'instruments qui a fabriqué le premier violon ? Plusieurs hypothèses circulent, mais l'origine en est italienne, peut-être de Crémone ou plus sûrement de Brescia, dans les années 1520. Les noms de luthiers qu'on évoque sont ceux de Giovan Giacobo Dalla Corna (1484-1530) ou Zanetto Montichiaro (1488-1562). Ce qui frappe surtout, c'est son usage universel, dans les petites fêtes villageoises comme à la cour des rois. En France, à partir de 1556, il remplace peu à peu la viole de gambe. Le plus ancien violon conservé est l'un des vingt-quatre que Charles IX a commandés vers 1560 à l'un des plus célèbres luthiers du temps, Amati. L'âge d'or du violon se situe entre 1690 et 1750, avec en particulier le travail d'Antonio Giacomo Stradivari, dit Stradivarius (1644-1737).

Feu d'artifice

Poudre noire, fusée, feu d'artifice : toutes ces inventions pétaradantes nous viennent des Chinois, qui savent depuis au moins le xe siècle mélanger salpêtre, charbon et soufre pour obtenir un résultat explosif. On attribue à Marco Polo l'introduction de cette technique en Europe, mais il semble que des recherches analogues ont abouti en Angleterre vers 1250. En France, le premier feu d'artifice a été tiré en 1615 sur la place des Vosges, qui s'appelait alors place Royale, à Paris, à l'occasion du mariage d'Anne d'Autriche avec Louis XIII. À l'époque les feux étaient jaunes, blancs, argentés ou dorés. Si nous pouvons aujourd'hui nous exclamer : « Ah ! la belle bleue ! », c'est grâce aux Italiens, qui ont répertorié vers 1830 les éléments chimiques capables de colorer les feux et de produire les plus beaux effets pyrotechniques.

Boîte de conserve

La nature est généreuse, mais elle donne à profusion pendant des périodes parfois courtes des aliments qui se conservent mal. Comment faire ? On peut sécher, fumer, saler, mais l'invention la plus extraordinaire est sans conteste celle de la boîte de conserve et son principe, l'appertisation, qui doit son nom à son inventeur, Nicolas Appert (1749-1841). Cuisinier-confiseur de son état, il expérimente sa méthode sur des petits pois qu'il enferme dans des bouteilles de champagne et qu'il porte à ébullition. Il connaît un succès foudroyant. Il installe sa première conserverie industrielle en 1802, à Massy. Ne cherchant pas la fortune, Appert choisit de ne pas déposer de brevet pour offrir son invention à tous. Les Britanniques vont, eux, déposer des brevets et utiliser des boîtes de fer blanc moins coûteuses : cette concurrence ruinera l'inventeur. Bien qu'honoré du titre de « bienfaiteur de l'humanité », Nicolas Appert finit sa vie dans la misère et sa dépouille est jetée à la fosse commune.

Machine à écrire

On a la trace d'un brevet accordé dès 1714 à Henry Mill en Angleterre, mais on ne sait pas trop à quoi pouvait bien ressembler sa machine. Durant le XVIIIe siècle, on vit quelques essais bizarres, dont un « piano à écrire ». Mais c'est aux États-Unis que les projets se précisent un peu plus tard. Christopher Latham Sholes dépose le brevet d'un *typewriter* vers 1870 ; il n'est pas très commode car on ne peut pas voir le papier sur lequel on tape. La firme Remington, connue à l'époque pour le matériel agricole et les armes qu'elle fabrique, rachète le brevet en 1873 et commercialise en série des machines améliorées. Au fil du temps et des modèles successifs, on ajoutera la double casse (majuscules et minuscules), le retour chariot et le saut de ligne, et on rendra les machines plus portatives.
Les premières machines électriques seront inventées après la guerre de 1914.

Notes de musique

Évidemment, personne n'a inventé les notes de musique en tant que sons. En revanche leur nom, leur notation de sorte qu'on puisse consigner leur succession et la reproduire, est une invention humaine. Les systèmes varient à travers le monde. Pour la sphère occidentale, c'est le moine Guido d'Arezzo qui, au XIe siècle, a l'idée de reprendre le début de chaque vers de l'hymne liturgique des vêpres pour fêter la naissance de saint Jean-Baptiste, dont voici le texte en latin : *Ut queant laxis / Resonare fibris / Mira gestorum / Famuli tuorum / Solve polluti / Labii reatum / Sancte Iohannes*. Le nom des notes était trouvé : ut, re, mi, fa, sol, la. Le « si » (initiales de *sancte Iohannes*, saint Jean) a été ajouté par Anselme de Flandres au XVIe siècle. À partir du XVIe siècle aussi, on solfie, au lieu d'« ut », le son « do », qui est plus facile à enchaîner. Le mode de notation moderne s'est fixé définitivement au XVIIe siècle.

Pâtes alimentaires

Faut-il croire la légende qui attribue à Marco Polo (1254-1324) l'importation en Europe de la recette des pâtes alimentaires, qu'il aurait découvertes en Chine ? Il en aurait rapporté à Venise en 1295. Mais il semble que l'Europe a connu les pâtes bien avant cette époque. La Mésopotamie les connaissait déjà dans l'Antiquité et les conquérants musulmans en auraient répandu l'usage à partir de la semoule de blé, notamment en Sicile. L'Italie devient la championne de sa production domestique, puis industrielle dans la région de Naples. Néanmoins, on trouve bien en Chine des traces de nouilles tirées à la main deux millénaires avant notre ère. On peut penser que plusieurs civilisations ont imaginé les mêmes aliments à partir des mêmes ingrédients. En tout cas, les pâtes se développent en France à partir du mariage de Catherine de Médicis avec Henri II en 1533.

Wagon-restaurant et wagon-lit

Manger et dormir dans un train est au XIXe siècle un rêve d'un luxe inouï. C'est un homme, George Mortimer Pullman (1832-1897), qui va être l'artisan de ce nouveau confort. En 1859 est mis en service le premier wagon-lit sur la ligne Chicago – Saint-Louis. En 1865, il imagine un wagon particulièrement somptueux, le *Pioneer*, avec eau courante et décor raffiné. La même année, il parvient à mettre son wagon dans le train qui transporte la dépouille d'Abraham Lincoln assassiné. La Pullman Palace Car Company créée en 1867 devient célèbre. Puis en 1868, il met en service le premier wagon-restaurant, baptisé le *Delmonico* en référence au restaurant new-yorkais le plus fameux de l'époque. En Europe, s'inspirant de l'exemple américain, c'est le Belge Georges Nagelmackers qui fondera en 1872 la Compagnie des Wagons-Lits et qui lancera l'Orient-Express.

Pilule contraceptive

Jusqu'au XXe siècle, les femmes avaient recours à toutes sortes de subterfuges et remèdes de bonne femme pour éviter les grossesses non désirées. Mais une nouvelle ère s'est ouverte avec les recherches sur la pilule contraceptive. Avant de présenter le scientifique qui a travaillé sur les hormones féminines, il faut rendre hommage à deux femmes, Katharine McCormick, qui a financé toutes les études avec largesse, et Margaret Sanger, infirmière militante new-yorkaise qui a fondé le premier centre de planning familial en 1923. C'est donc le docteur Gregory Pincus qui, à partir de 1951, a commencé à travailler à Harvard pour créer une combinaison de progestérone et d'œstrogènes de synthèse capable de bloquer l'ovulation. Le premier pays à commercialiser la pilule est l'Allemagne en 1956, suivie par les États-Unis en 1960. La France fera de même en 1967.

Écriture

Passer de la pure oralité à l'écriture qui permet de consigner visuellement ce qui se dit, c'est la marque même de l'entrée de l'humanité dans l'histoire. Les plus anciennes traces d'écriture que nous connaissons remontent à la fin du IVe millénaire av. J.-C., en Mésopotamie. L'ancêtre de notre système est l'alphabet phénicien de vingt-deux lettres-consonnes qui apparaît vers 1300 av. J.-C. Toute la Méditerranée est influencée par cette écriture. Les Grecs s'en emparent, ajoutent des voyelles et commencent à écrire selon le sens du boustrophédon, c'est-à-dire en commençant de gauche à droite, puis en revenant en fin de ligne de droite à gauche, etc., à la manière dont les agriculteurs conduisent le labour. C'est au ve siècle av. J.-C. qu'on adopte définitivement le retour à la ligne. Les Étrusques, puis les Latins s'approprieront l'alphabet grec, le transformeront et l'amèneront à notre alphabet moderne.

Console de jeux

Les premières consoles de jeux sont aujourd'hui devenues des objets de collection. On croit généralement que le tout premier jeu vidéo est le fameux *Pong*, apparu en 1975, permettant de jouer à deux et de se renvoyer une balle sur un écran. Mais trois ans plus tôt, la firme Magnavox avait déjà commercialisé l'Odyssey aux États-Unis, puis à partir de 1973 dans le reste du monde. Avec un calque amovible qu'on peut poser sur l'écran, cette console permet de jouer à une dizaine de jeux. Elle est l'aboutissement de près de vingt ans de recherches de Ralph Baer, considéré comme le père des jeux vidéo. La firme Magnavox ne regrettera pas d'avoir acheté son modèle : elle en vendra près de trois cent cinquante mille exemplaires. Les premières années du développement de la concurrence, avec notamment la firme Atari, seront marquées par des violations à répétition des brevets de Ralph Baer. Les procès feront sa fortune et celle de la firme Magnavox !

Majorettes

Elles sont peut-être un peu passées de mode, nos majorettes, mais leur charme kitsch fait encore des ravages. Leur origine est liée aux fanfares américaines et au rôle important du tambour-major qui, depuis les années 1870, précède les musiciens lors des défilés, donnant le rythme à l'aide d'un long bâton. Ce rôle peut être tenu par une femme, notamment pour les fanfares féminines, qui se multiplient. À partir de 1927, on parle ainsi de « tambour-majorette ». Et très vite on voit des jeunes femmes commencer à lancer le bâton et à le faire tournoyer (le *twirlinning*, en anglais) au lieu de simplement donner la mesure. En France, la vogue des majorettes a commencé dans la ville de Moulins en 1961, puis à Nice l'année suivante. Dans les années 1970, le phénomène a pris dans toute la France et on compte plus de six cents clubs et trente mille pratiquantes.

Crayon

Rappelons que le crayon à papier est à l'origine un bâtonnet de plombagine, minerai de graphite très pur originaire de Borrowdale, dans le comté de Cumberland, en Angleterre, glissé dans une gaine de bois. Dans l'histoire du crayon à papier, on retrouve tous les noms célèbres encore aujourd'hui dans ce commerce. C'est ainsi que dans les archives de Nuremberg, on voit en 1662 le nom de Friedrich Staedtler, fabriquant de crayons. Dans la même région, un siècle plus tard, c'est Kaspar Faber qui utilise un mélange de graphite en poudre, de colle et de résine. Mais en 1795, en raison du blocus qui interdit l'importation de produits du Royaume-Uni, il faut inventer une nouvelle matière. Le chimiste français Nicolas-Jacques Conté compresse du graphite moulu avec de la poudre d'argile. Ce mélange permet d'obtenir des qualités variables de dureté. Sur l'insistance de son entourage, il dépose un brevet et crée une manufacture.

Facteur

Avant la mise en place d'un système de poste public, on confiait son courrier à quelqu'un, ami ou valet, qui le portait. Le tout premier service organisé est celui de la Sorbonne, au XIIIe siècle, pour ses étudiants de province ou de l'étranger. Sous Louis XI, le pouvoir royal met en place un réseau de messagers à cheval et crée en 1464 un réseau de relais de poste. À partir de 1506, les particuliers sont autorisés à employer ce service. Louis XIV, en même temps qu'il perfectionne le système avec levée du courrier à heures fixes, instaure une première censure postale. Mais c'est finalement en 1829 qu'est créé un corps de cinq mille facteurs ruraux pour délivrer le courrier à domicile et éviter la poste restante pour les communes où il n'y a pas de bureau postal. Les lettres au fil du temps ont emprunté tous les modes de transport, à pied et à cheval au début, puis en train et en bateau, enfin l'aéropostale, qui émerge dans les années 1911-1918, ouvre de nouveaux horizons.

Galette des Rois

Comme pour beaucoup de rituels chrétiens, l'origine lointaine de la galette des Rois est à chercher dans des coutumes païennes. En effet, au solstice d'hiver, le partage d'une galette accompagnait des cérémonies de divination. La fève est le premier légume qui pousse au printemps et comme elle contient une sorte d'embryon, elle faisait déjà l'objet d'une attention toute particulière dans la mystique grecque antique. L'élection d'un roi de la fête faisait partie des festivités qui accompagnaient les saturnales romaines. Les chrétiens ont par la suite repris ces éléments et les ont associés à la célébration des Rois mages et de l'Épiphanie, au grand dam de certains protestants qui continuaient à y voir des usages impies. La fève en porcelaine est apparue en Saxe en 1875, à Limoges en 1913. Les fabophiles ou favophiles sont les collectionneurs de ce petit objet.

Grille-pain

Que l'invention du grille-pain nous permette de rappeler que le mot « toast » qui lui est associé, contrairement aux apparences, a une origine française. Il provient en effet de l'ancien français « toster », qui signifie « griller », « rôtir ». Et donc, à l'époque où les cuisiniers français préparaient des « rôties » ou « mitonnaient des croûtes », les Britanniques inventaient prétendument les toasts. Venons-en au grille-pain électrique, qui permet au pain de mie un peu fade de retrouver un intérêt gustatif. Il est inventé aux alentours de 1905-1910 aux États-Unis et le premier appareil capable d'éjecter les tranches est breveté par Charles Strite en 1919. Cinq ans plus tard, on le munit d'un minuteur. Ce n'est qu'en 1974 qu'un constructeur (SEB) se penche sur le cas de la baguette et invente le « grille-tout-pain » pour que les Français puissent enfin « toster » leur pain emblématique.

Handball

Si on prononce « football » à l'anglaise, il faut dire « handball » à l'allemande, car on doit l'invention de ce sport à un professeur de l'École normale germanique d'éducation physique de Leipzig, Carl Schellenz, vers 1919. Est-il dérivé d'un jeu danois, le torball, qui se joue en équipes de sept ? Lui a-t-il au contraire donné naissance ? L'avis des historiens diffère sur la question. Toujours est-il que le handball à onze est introduit dans les fédérations d'athlétisme comme sport complémentaire dans le premier quart du XXe siècle. C'est le moment où les règles sont progressivement fixées. Il est présenté en démonstration, comme jeu de plein air, aux J.O. d'Amsterdam en 1928. Mais c'est finalement une variante jouée en salle, à sept joueurs, plus rapide et plus technique, qui va être définitivement adoptée dans les années 1960-1970, avec des fédérations, des compétitions internationales et des titres olympiques.

Zoo

On a longtemps collectionné les animaux dans les ménageries comme n'importe quelle autre curiosité, en particulier les bêtes féroces et exotiques. Il était de bon ton dans les cours d'Europe de posséder un parc zoologique à usage strictement princier qui accueillait en particulier les cadeaux des potentats étrangers. Au château de Schönbrunn à Vienne, les Habsbourg ont ainsi une ménagerie impériale qu'ils ouvrent au public en 1779. Certains aristocrates excentriques en font de même. À Paris, sous l'impulsion de Bernardin de Saint-Pierre, la ménagerie royale de Versailles est déplacée au Jardin des plantes et ouverte au public en 1793. Aux XIXe et XXe siècles, les zoos se multiplieront comme support pédagogique, dans une approche d'éducation populaire et d'initiation aux sciences naturelles. Les zoos font aujourd'hui l'objet de nombreuses critiques. Les documentaires animaliers les ont rendus moins pertinents.

Satellite artificiel

Les premiers satellites artificiels ont été conçus par l'Union soviétique. La première mise en orbite d'un tel engin est celle de *Spoutnik 1*, le 4 octobre 1957. En russe, « spoutnik » signifie « compagnon de voyage ». Il effectue une orbite autour de la Terre en quatre-vingt-seize minutes, pèse environ quatre-vingts kilos et mesure soixante centimètres de diamètre. Plus fort encore, un mois plus tard, le 3 novembre, *Spoutnik 2* emporte à son bord une petite chienne, Laïka, qui meurt au cours du voyage, mais on ne le saura que quarante ans plus tard ! Serguei Korolev est l'ingénieur responsable du projet qui place donc l'URSS en tête dans la course à l'ère spatiale. Mais ce programme est tellement sensible que le KGB cache son nom et présente à la place le physicien Leonid Sedov comme le « père du *Spoutnik* ». Ce ne sera que le 1er janvier 1958 que les Américains enverront à leur tour dans l'espace *Explorer 1*, leur premier satellite artificiel.

Jacuzzi

S'il est un domaine où les progrès du XXe siècle ont été considérables, c'est bien celui du bain et des soins pour l'hygiène et le plaisir du corps. On connaît depuis l'Antiquité les bienfaits de l'hydrothérapie, mais les pompes électriques, les turbines et autres dispositifs mécaniques ouvrent des perspectives novatrices. C'est ainsi que pour soulager son fils gravement atteint d'arthrite rhumatoïde, Candido Jacuzzi invente en 1956 une pompe à immersion portable et miniaturisée qui permet de créer des remous dans une baignoire spéciale et de bénéficier à domicile de soins d'hydrothérapie. Le nom de Jacuzzi est déposé comme marque et la famille Jacuzzi va continuer à mettre au point des bains à tourbillon, pour le plaisir et la détente tout autant que pour les soins. Les baignoires d'hydromassage se diffuseront davantage à partir de la fin des années 1960.

Clarinette

Du baroque au jazz en passant par les sons traditionnels des Balkans, la clarinette déclinée sous ses multiples modèles fait partie du paysage musical moderne. Elle apparaît au début du XVIIIe siècle en Allemagne. C'est une famille de facteurs d'instruments de musique installée à Nuremberg qui la met au point et la perfectionne, d'abord Johann Christoph Denner (1655-1707), puis un de ses fils, Johann David (1691-1764). Son système de clés est rendu encore plus ingénieux par le Russe Ivan Müller vers 1815. C'est enfin Theobald Boehm qui, en 1844, lui donne sa forme actuelle, qui ne bougera plus. Mozart tombe sous le charme de la clarinette et lui consacre même un concerto. Notons qu'en 2013, pour la première fois de son histoire, le concours Lépine a couronné un musicien : l'invention de Jean-Luc Vignaud est une ligature qui empêche l'anche de la clarinette de se déformer et en rend le son plus pur.

Croix-Rouge

Henri Dunant (1826-1910), homme d'affaires suisse naturalisé français, restera marqué toute sa vie par la bataille de Solferino, en 1859. Il passe sur le champ de bataille presque par hasard et découvre que des milliers de blessés et de morts restent sur place longtemps après le carnage, sans assistance ni prise en charge. Dès lors il va consacrer son énergie à fonder en 1863 un « Comité international de secours aux militaires blessés », qui prend en 1876 le nom de « Comité international de la Croix-Rouge » (CICR). Son influence sur la rédaction de la première convention de Genève, ratifiée par seize États en 1864, est considérable. Des règles sont établies pour garantir un traitement humain des prisonniers et blessés en temps de guerre. Dunant reçoit avec le pacifiste Frédéric Passy le premier prix Nobel de la paix en 1901. Le CICR recevra à nouveau cette distinction prestigieuse en 1917, 1944 et 1966.

Hélicoptère

Le principe de l'hélicoptère, comme son nom l'indique, repose sur un type de vis particulier, l'hélice, dite « vis d'Archimède ». Léonard de Vinci avait déjà imaginé une drôle de machine volante pouvant se soulever de terre à la verticale grâce à une hélice placée sur son toit. On a fabriqué quelques jouets de ce type à la fin du XVIIIe siècle, période de fascination pour les automates. L'avancée décisive est due à Paul Cornu et son frère Jacques qui, le 13 novembre 1906, font se soulever d'un mètre cinquante au-dessus du sol, sur quelques mètres, le premier appareil capable de transporter un homme, avec à son bord un sac de sable de cinquante-cinq kilos figurant un pilote. Le premier vol réellement piloté sera celui de la machine appelée « autogire », inventée en 1923 par l'ingénieur espagnol Juan de la Cierva. Et les vols de longue durée ne commenceront qu'avec Louis Breguet, en 1936.

Football

On a un peu pataugé en Angleterre pour fixer toutes les règles du jeu de football. En effet, on voit apparaître le jeu dans les universités vers le milieu du XIXe siècle, mais les règles sont un peu différentes d'un club à l'autre.
À Cambridge, on tente une première fois d'unifier les règles en 1848. La fédération anglaise voit le jour en 1863 : elle précise bien qu'on n'a pas le droit de donner des coups de pied à l'adversaire ni de porter le ballon avec les mains ! La durée de quatre-vingt-dix minutes pour un match ne sera choisie, avec la taille et le poids du ballon, que trois ans plus tard. Et en 1870 apparaît le gardien de but, muni d'une casquette et pouvant, lui, prendre le ballon en main. En France, le premier match qui trouve un écho dans la presse est un match scolaire qui a lieu à Chatou en décembre 1867. Le Comité français interfédéral est créé en 1906 et devient la Fédération française de football en 1919.

Coca-Cola

Les détracteurs du Coca-Cola lui reprochent souvent son goût « pharmaceutique » : ils ont raison ! C'est un pharmacien américain d'Atlanta (Géorgie), John Pemberton, qui met au point en 1885, dans son laboratoire, la première recette : une boisson alcoolisée à base de noix de kola, de coca et de damiana. Il se serait inspiré d'une recette française du chimiste Angelo Mariani, qui utilisait du vin de Bordeaux et des feuilles de coca. La vente du French Wine Coca se fait donc à Atlanta. Mais la Prohibition oblige à imaginer une recette sans alcool, restant toutefois plus tonique que les orangeades grâce à la coca. Le 6 juin 1887, Pemberton fait inscrire au registre du commerce la marque Coca-Cola, qui est rachetée la même année par quelques hommes d'affaires peu scrupuleux qui profitent de la maladie de l'inventeur de la recette. Le recours massif à la publicité lancera la boisson dans tout le pays.

Laser

Quand Theodore Maiman (1927-2007) met au point un rayon laser à partir d'un cristal de rubis à Malibu en mai 1960, personne n'y croit, pas même le directeur du petit labo où il travaille. Ce physicien qui a toujours bidouillé et réparé les appareils électriques pour se faire de l'argent de poche a suivi les travaux théoriques sur la physique quantique d'Arthur Schawlow et de Charles Townes (prix Nobel en 1964) et a réussi à produire un faisceau de lumière amplifiée parfaitement rectiligne et extrêmement précis. Pourtant, quand il envoie un article sur sa découverte à la prestigieuse revue *Physical Review Letters*, il est rejeté et dédaigné. En août de la même année, la revue *Nature*, elle, reconnaît son invention. Il obtiendra de nombreux prix scientifiques à partir de 1962 et sera salué comme le premier physicien à avoir réalisé ce qui n'apparaissait auparavant que comme une découverte théorique.

Poubelle

Depuis le règlement général de police du 8 mars 1864, la collecte des ordures est organisée en France, obligeant les habitants à déposer leurs déchets dans des seaux et caisses maniables devant leur immeuble. Eugène Poubelle, d'abord préfet de l'Isère, essaie de faire appliquer cette consigne pour rendre les rues de Grenoble moins sales. Mais il n'obtient guère de résultats. Nommé préfet de la Seine, il recommence et prononce un arrêté qui oblige chaque propriétaire d'immeuble à mettre à disposition un récipient collectif pour les ordures, auquel il va laisser son nom : la poubelle est née ! On notera avec amusement la levée de boucliers contre cette mesure à l'époque : on allait ruiner les chiffonniers, le préfet était de mèche avec des fabricants de boîtes conformes, etc. C'est encore M. Poubelle qui mettra en chantier en 1894 le tout-à-l'égout, après un retour du choléra à Paris.

Bouton et bouton-pression

Les vêtements servent depuis l'origine à protéger du froid et des intempéries, mais aussi à mettre en valeur le corps. Les civilisations antiques ont utilisé des petites pierres comme ornements fixés sur les étoffes, mais les premiers boutons fonctionnels semblent avoir fait leur apparition en Grèce, vers 3000 av. J.-C. Les boutons cependant se sont généralisés plutôt au retour des croisades, à partir du XIIIe siècle : on a préféré la mode des vêtements ajustés et l'alignement de petits boutons permet de produire cet effet. La matière utilisée donne toute sa valeur au bouton. Ivoire ou pierreries s'utilisent pour les tenues d'apparat. Pour les vêtements ordinaires, la corne, la nacre ou même le fer (apparu dans des fabriques industrielles à Birmingham au XIXe siècle) suffisent largement. C'est au Danois Bertel Sanders que revient l'invention astucieuse du bouton-pression vers 1885.

Presse écrite

On regroupe sous l'appellation « presse écrite » les imprimés qui paraissent de manière régulière et qui contiennent des nouvelles. Ils sont destinés à la lecture personnelle. Dès l'Antiquité on voit des systèmes d'affiches informant les citoyens, mais on ne parle pas de presse. On considère généralement que le premier périodique est un hebdomadaire de quatre pages lancé à Strasbourg en décembre 1605 par Johann Carolus (1575-1634). La même année paraît la revue *Le Mercure françois*, mais qui traite peu de sujets d'actualité. C'est Théophraste Renaudot (1586-1653) qui crée en mai 1631 la *Gazette de France*, véritablement consacrée à l'information hebdomadaire. Elle donne les nouvelles officielles. Plus ou moins clandestinement circulent aussi des « nouvelles à la main », manuscrites, qui colportent des informations parfois subversives. Des « canards » consacrés à un fait divers qui défraie la chronique sont parfois publiés, mais ils sont sans lendemain. C'est au XVIIIe siècle, et plus encore sous la Révolution, qu'une presse d'opinion voit le jour.

INDEX DES INVENTIONS

BIBLIOGRAPHIE

Les 1001 inventions qui ont changé le monde, Flammarion, 2010.

Encyclopédie Larousse (en ligne).

Pierre Germa, *Depuis quand ?*, Larousse, 2002.

James Laver, *Histoire de la mode et du costume*, Thames and Hudson, 1990.

Et les nombreux sites sur l'histoire des sciences et des techniques, généralistes ou spécialisés dans différents secteurs comme le transport, l'électricité, la vie quotidienne, etc., ainsi que les sites des marques et des entreprises détentrices de brevets.

DANS LA MÊME COLLECTION

Paul Desalmand et Yves Stalloni,
Expressions latines expliquées

Pierre Martin,
Les Fables de La Fontaine expliquées

À paraître :

Paul Desalmand et Yves Stalloni,
Expressions bibliques expliquées

Dominique Foufelle,
Expressions désuètes expliquées

www.editionsduchene.fr

Directrice générale :
Fabienne Kriegel
Responsable éditoriale :
Laurence Lehoux
Suivi éditorial :
Sandrine Rosenberg, assistée de Diane Flahaut
Direction artistique :
Élodie Palumbo, sous la direction de Sabine Houplain
Mise en pages :
Amaury de Saint-Chamas
Lecture-correction :
Clémentine Bougrat
Fabrication :
Liza Sacco
Partenariats et ventes directes :
Ebru Kececi (ekececi@hachette-livre.fr)
Relations presse :
Hélène Maurice (hmaurice@hachette-livre.fr)

Édité par les Éditions du Chêne
(58, rue Jean-Bleuzen, 92178 Vanves Cedex)
Achevé d'imprimer en janvier 2018 par Unigraf en Espagne
Dépôt légal : février 2018
ISBN 978-2-81231-639-5
34/9378/7-01